北玄武 · 三

낭송 도덕경 / 계사전

낭송Q시리즈 북현무 03
낭송 도덕경/계사전

발행일 초판2쇄 2023년 6월 30일(癸卯年 戊午月 己未日) |
지은이 노자, 공자 | **풀어 읽은이** 손영달 | **펴낸곳** 북드라망 | **펴낸이** 김현경 |
주소 서울시 종로구 사직로8길 24, 오피스텔동 1221호(내수동, 경희궁의아침2단지) |
전화 02-739-9918 | **이메일** bookdramang@gmail.com

ISBN 978-89-97969-62-3 04150 978-89-97969-37-1 (세트) | 이 도서의 국립중앙도서관
출판시도서목록(CIP)은 서지정보유통지원시스템 홈페이지(http://seoji.nl.go.kr)와 국
가자료공동목록시스템(http://www.nl.go.kr/kolisnet)에서 이용하실 수 있습니다.(CIP
제어번호: CIP2015008460) | 이 책은 저작권자와 북드라망의 독점계약에 의해 출간
되었으므로 무단전재와 무단복제를 금합니다. 잘못 만들어진 책은 서점에서 바꿔 드
립니다.

책으로 여는 지혜의 인드라망, 북드라망 **www.bookdramang.com**

낭송
Q
시리즈

북현무
03

낭송
도덕경/계사전

노자
공자
지음

손영달
풀어
읽음

고미숙
기획

티

▶낭송Q시리즈 『낭송 도덕경/계사전』 사용설명서◀

1. '낭송Q'시리즈의 '낭송Q'는 '낭송의 달인 호모 큐라스'의 약자입니다. '큐라스'(curas)는 '케어'(care)의 어원인 라틴어로 배려, 보살핌, 관리, 집필, 치유 등의 뜻이 있습니다. '호모 큐라스'는 고전평론가 고미숙이 만든 조어로, 자기 배려를 하는 사람, 즉 자신의 욕망과 호흡의 불균형을 조절하는 능력을 지닌 사람을 뜻하며, 낭송의 달인이 호모 큐라스인 까닭은 고전을 낭송함으로써 내 몸과 우주가 감응하게 하는 것이야말로 최고의 양생법이자, 자기배려이기 때문입니다(낭송의 인문학적 배경에 대해 더 궁금하신 분들은 고미숙이 쓴 『낭송의 달인 호모 큐라스』를 참고해 주십시오).

2. 낭송Q시리즈는 '낭송'을 위한 책입니다. 따라서 이 책은 꼭 소리 내어 읽어 주시고, 나아가 짧은 구절이라도 암송해 보실 때 더욱 빛을 발합니다. 머리와 입이 하나가 되어 책이 없어도 내 몸 안에서 소리가 흘러나오는 것, 그것이 바로 낭송입니다. 이를 위해 낭송Q시리즈의 책들은 모두 수십 개의 짧은 장들로 이루어져 있습니다. 암송에 도전해 볼 수 있는 분량들로 나누어 각 고전의 맛을 머리로, 몸으로 느낄 수 있도록 각 책의 '풀어 읽은이'들이 고심했습니다.

3. 낭송Q시리즈 아래로는 동청룡, 남주작, 서백호, 북현무라는 작은 묶음이 있습니다. 이 이름들은 동양 별자리 28수(宿)에서 빌려 온 것으로 각각 사계절과 음양오행의 기운을 품은 고전들을 배치했습니다. 또 각 별자리의 서두에는 판소리계 소설을, 마무리에는 『동의보감』을 네 편으로 나누어 하나씩 넣었고, 그 사이에는 유교와 불교의 경전, 그리고 동아시아 최고의 명문장들을 배열했습니다. 낭송Q시리즈를 통해 우리 안의 사계를 일깨우고, 유(儒)·불(佛)·도(道) 삼교회통의 비전을 구현하고자 한 까닭입니다. 아래의 설명을 참조하셔서 먼저 낭송해 볼 고전을 골라 보시기 바랍니다.

▷ 동청룡: 『낭송 춘향전』『낭송 논어/맹자』『낭송 아함경』『낭송 열자』『낭송 열하일기』『낭송 전습록』『낭송 동의보감 내경편』으로 구성되어 있습니다. 동쪽은 오행상으로 목(木)의 기운에 해당하며, 목은 색으로는 푸른색, 계절상으로는 봄에 해당합니다. 하여 푸른 봄, 청춘(靑春)의 기운이 가득한 작품들을 선별했습니다. 또한 목은 새로운 시작을 의미하기도 합니다. 청

춘의 열정으로 새로운 비전을 탐구하고 싶다면 동청룡의 고전과 만나 보세요.

▷ 남주작 : 『낭송 변강쇠가/적벽가』, 『낭송 금강경 외』, 『낭송 삼국지』, 『낭송 장자』, 『낭송 주자어류』, 『낭송 홍루몽』, 『낭송 동의보감 외형편』으로 구성되어 있습니다. 남쪽은 오행상 화(火)의 기운에 속합니다. 화는 색으로는 붉은색, 계절상으로는 여름입니다. 하여, 화기의 특징은 발산력과 표현력입니다. 자신감이 부족해지거나 자꾸 움츠러들 때 남주작의 고전들을 큰소리로 낭송해 보세요.

▷ 서백호 : 『낭송 흥보전』, 『낭송 서유기』, 『낭송 선어록』, 『낭송 손자병법/오자병법』, 『낭송 이옥』, 『낭송 한비자』, 『낭송 동의보감 잡병편 (1)』로 구성되어 있습니다. 서쪽은 오행상 금(金)의 기운에 속합니다. 금은 색으로는 흰색, 계절상으로는 가을입니다. 가을은 심판의 계절, 열매를 맺기 위해 불필요한 것들을 모두 떨궈 내는 기운이 가득한 때입니다. 그러니 생활이 늘 산만하고 분주한 분들에게 제격입니다. 서백호 고전들의 울림이 냉철한 결단력을 만들어 줄 테니까요.

▷ 북현무 : 『낭송 토끼전/심청전』, 『낭송 대승기신론』, 『낭송 도덕경/계사전』, 『낭송 동의수세보원』, 『낭송 사기열전』, 『낭송 18세기 소품문』, 『낭송 동의보감 잡병편 (2)』로 구성되어 있습니다. 북쪽은 오행상 수(水)의 기운에 속합니다. 수는 색으로는 검은색, 계절상으로는 겨울입니다. 수는 우리 몸에서 신장의 기운과 통합니다. 신장이 튼튼하면 청력이 좋고 유머감각이 탁월합니다. 하여 수는 지혜와 상상력, 예지력과도 연결됩니다. 물처럼 '유동하는 지성'을 갖추고 싶다면 북현무의 고전들과 함께하세요.

4. 이 책 『낭송 도덕경/계사전』은, 『도덕경』의 경우 진고응의 『노자주역급평개』(老子注譯及評介, 중화서국, 수정증보본, 2009)를, 『계사전』의 경우 『비지토해 정본 주역』(명문당, 영인본)을 저본으로 하여 풀어 읽었습니다.

『계사전』(繫辭傳) 편

낮추고, 비우고, 삼가고, 경계하라
─자연의 법도를 따르는 법

초대장

이 책은 아주 낯설고 기이한 낭송회를 위한 대본이
다. 이 낭송회는 다음과 같은 독서 습관을 가진 분들
을 위해 준비되었다. 책을 읽으면서 밑줄을 치는 사
람, 밑줄을 치면서 문단의 핵심 주제를 메모하는 사
람, 문단의 요지를 추리면서 글 전체의 논지를 따지
는 사람, 글 전체의 주장을 되새겨 본받을 만한 게
무엇인지 유추하는 사람, 자신의 노트나 블로그에
책을 평가하는 요약 글을 남기는 사람. 이와 같은 똑
똑한 독자들의 '야무진 독서법'을 파괴하는 게 이 낭
송회의 목적이다.

대신에 이 낭송회는 새로운 독서법을 제시하고자
한다. 눈으로 읽지 않고 소리 내어 읽기, 따지고 분
석하려 들지 않고 온 몸으로 받아들이기. 이름하여
'어눌한 독서법'이다. 우리는 책을 읽으면서 무언가
를 채우려 한다. 지식을 채우고, 교양을 채우고, 삶
의 기술을 채우려 한다. 하지만 이미 가득 차 있는
잔에 무엇을 더 채울 수 있단 말인가! 우리는 스스로
안다고 믿기 때문에 오히려 알지 못하며, 스스로 똑
똑하다고 믿기 때문에 오히려 어리석다. 이 낭송회

는 우리를 빈 잔으로 만듦으로써 오히려 배움에 합치되게 만들려 한다. 머리는 비우고 마음은 채우는 낭송회! 이 이상한 낭송의 장에 독자 여러분을 초대한다.

놀라운 소식이 있다. 이 낭송회를 위해 두 편의 고전을 선정했다. 『도덕경』道德經과 『계사전』繫辭傳. 결코 한 무대에 함께 오는 일이 없던 이질적인 조합이다. 동양 고전에 대한 약간의 식견이 있는 이라면 대번에 이렇게 물을 것이다. 도가 계열의 『도덕경』과 유가 계열의 『계사전』을 어떻게 함께 읽을 수 있는가? 그러나 이것은 생각만큼 불가능한 조합이 아니다. 어째서 그런가?

보통 『도덕경』은 노자老子의 책으로, 『계사전』은 공자孔子의 책으로 알려져 있다. 노자와 공자는 동시대의 사람이고, 심지어 구면이다. 사마천의 『사기』「노자한비열전」에 보면 공자가 노자를 만나 가르침을 받는 일화가 나온다. 공자는 노자를 만나 예禮에 관해서 물었다. 노자는 공자에게 이렇게 충고했다.

"뛰어난 장사꾼은 물건을 깊이 숨겨 두어 겉으로는 아무것도 없는 것같이 보이고, 군자는 훌륭한 덕을 간직하고 있으나 외모는 어리석게 보인다고 들었소. 그대의 교만과 탐욕, 허세와 지나친 욕망을 버리도록 하시오. 이러한 것들 모두가 그대에게 아무런 도움이 되지 않을 것이오. 내가 그대에게 말할 것은 단지 이것뿐이오."

이 말을 듣고 공자는 노자에 대한 찬사를 아끼지 않았다. "노자의 사상은 알 수 없고 잡을 수 없는 용과 같았노라!" 이 두 명의 거장을 각각 도가와 유가의 스승으로 구분하는 건 어디까지나 후대 학자들의 학문적 분류에 지나지 않을지 모른다. 이들은 도가 혹은 유가이기 이전에, 주나라의 영광스런 번영기가 저물고 제후국들 간의 세력다툼이 거세지던 시대, 도道가 사라져 갈 길을 찾을 수 없던 '천하무도'天下無道의 시대를 살아야 했던 지식인이었을지 모른다.

그런가 하면 이 책은 노자와 공자라는 상징적 인물의 이름을 빌린 익명 저자의 작품으로 이해되기도 한다. 『도덕경』이 노자의 것이 아닐 수도, 『계사전』이 공자의 것이 아닐 수도 있는 것이다. 하지만 이 경우에도 '베일에 싸인 의문의 텍스트'라는 점에서 이 둘은 묘한 인연을 함께한다.

우리는 이 두 개의 텍스트 사이에 놓인 학문적 장벽을 허물고 '몸'으로 이 책을 만날 것이다. 잘근잘근 이 책을 씹어 먹을 것이다. 두 개의 이질적인 텍스트가 어우러질 때 오히려 조화로울 수 있음을 만끽해 볼 것이다. 우리의 목표는 앎을 채우는 것이 아니라 앎을 비우는 '어눌한 독서법' 아니던가. 이 오묘한 조화가 일으키는 불협(?) 화음이 우리 몸을 새로운 리듬, 새로운 장으로 안내할 것이다.

하늘과 땅, 그리고 물의 철학

『도덕경』, 『계사전』은 어떤 책들인가? 『도덕경』은 노자가 주나라를 떠나 미지의 서쪽 땅으로 건너가며 남긴 처음이자 마지막 가르침이다. 81장의 구성에 전체 약 5천 자에 해당하는 짧은 글로, 상편 37장의 내용을 「도경」이라 하고, 하편 44장의 내용을 「덕경」이라 하기에 이를 아울러 『도덕경』이라 부른다.

『계사전』이란 또 어떤 책인가? 『주역』은 일종의 점술서다. 거북의 껍질을 구워 거기에 나타난 균열[卜]을 보고, 그것이 어떤 의미인지를 해석한 점占을 기록한 글이다. 한마디로『주역』이 구체적인 점괘들의 총합이라면『계사전』은『주역』 전체에 대한 해설서라 할 수 있다. 공자가 가죽 끈을 세 번 갈아 가며『주역』을 탐독했다는 위편삼절韋編三絶의 고사는 널리 알려져 있다. 그런데 공자는『계사전』을 작성함으로써『주역』의 단순한 애독자를 넘어 최초이자 최고의 비평가로 자리매김했다. '계사'繫辭란 글자 그대로 '말을 매달다'는 뜻으로,『주역』의 괘사와 효사를 해설한 글이란 얘기다.

『도덕경』과『계사전』의 수수께끼 같은 경구들은 혼란했던 시대를 관통해야 했던 두 위대한 지식인의 세계인식을 공유하고 있다. 쉴 없이 벌어지는 전쟁과 국가 간의 겸병, 격변하는 역사의 장을 통과하며 이들은 종잡을 수 없는 세계의 변화에 귀 기울였다. 도道가 사라진 시대에 도道를 모색한 결과물이 이『도덕경』,『계사전』이다. 사람들은 눈앞의 이익과 외면의 화려함에 이끌린다. 그러다 집착이 생기고 분쟁이 일어나고 전쟁이 벌어진다. 도道에 합치되는 삶을 위해서는 우리의 시야를 넓힐 필요가 있다. 무엇으로 어떻게 우리의 협소한 시각을 확장할 것인가?

이 두 스승은 모두 자연의 법도를 본받으라고 조

언한다. 『도덕경』에서 노자는 계곡을 칭송하며 계곡을 타고 흐르는 물을 예찬한다. 노자는 세상의 근원이 화려하고 근사한 어딘가가 아니라 낮고 비천한 계곡에 있다 생각했다. 계곡을 타고 흐르는 물은 부드럽고 약하며 상황에 순응하지만, 바로 그 이유로 주변과 공적을 다투지 않는다. 그렇다고 무력한 것도 아니다.

세상에 부드럽고 약하기로 물만 한 것이 없으나
단단하고 강한 것을 치는 데 물을 이길 것이 없으니
무엇도 물을 대신할 수 없다. (『도덕경』, 78장)

그렇기에 노자는 최고의 선은 물과 같다고 말한다.

최고의 선은 물과 같다.
물은 만물을 이롭게 하면서도
그들과 다투지 않고
뭇 사람들이 싫어하는 곳에 머문다.
그렇기에 물은 도에 가깝다. (『도덕경』, 8장)

노자의 결론은 다음과 같다. 계곡은 흘러 바다로

모인다. 온 세계를 품는 바다는 오직 '낮음'으로 세계를 포용할 수 있다. 그러므로 우리 삶도 자기를 비우고 낮추기를 추구해야 한다. 그럴 때 비로소 강함에 도달하고, 얻음에 이른다.

노자가 물을 이야기했다면, 『계사전』에서 공자는 하늘과 땅을 본받으라고 한다.

역은 하늘과 땅을 본받으니, 천지의 도를 두루 포괄한다.
우러러 천문을 관찰하고, 구부려 지리를 살피니
이런 까닭에 보이는 것과 보이지 않는 것의 근원을 알게 된다.
시작을 따져 마침으로 돌아가니, 삶과 죽음의 이치를 알게 된다. (「계사전 상」, 4장)

하늘과 땅을 두루 살펴 그 운행의 법칙과 변화의 원리를 파악한다. 이는 단순히 자연의 규칙성을 알아내라는 말이 아니다. 쉼 없이 변화하는 세계의 흐름에 눈을 떠 협소한 일상적 앎을 확장하라는 것이다. 천지의 운행은 장구하고 그 변화는 무궁하나 유한한 인간의 앎은 그 전체를 알기 어렵다. 그러나 위대한 성인이 역易을 지어 천지의 조화를 포괄하였으니, 쉽고 간단한 역의 이치에 통달하면 우리는 무궁한 세계의 운행에 한 발 가까이 다가갈 수 있다. 이때 중요한 것은 스스로를 돌아보고 삼가는 것이다. 사람은 대개 편안할 때 방종해지고, 잘나갈 때 오만해진다. 그런데 『주역』의 가르침은 사물이 궁극에 이르면 반드시 반대로 반전된다는 것을 가르친다. 이것이 음양陰陽의 이치다. 『계사전』에 이르기를 '한 번 음이 오고 한 번 양이 오는 것을 가리켜 도라고 한다'했다. 음이 오면 양이 오고, 양이 오면 음이 온다. 또한 음 안에 양이 있고, 양 안에 음이 있다. 인간사의 길흉吉凶도 이와 같아 길함은 동시에 흉함을 내재하며, 길함 뒤에는 흉함이 찾아들게 된다. 반대의 경우 역시 마찬가지다.이는 흡사 완성의 가을 뒤에 소멸의 겨울이 찾아드는 것과 같다. 절정에 이르면 다시 비탈을 내려가야 한다. 『시경』에 "조심하기를 깊은 못을 대하듯 하고 엷은 얼음을 밟듯 하라" 戰戰兢兢 如臨深淵 如履薄氷고 했다. 일상에 거할 때, 특히 성공의 절정에 있을 때 살얼음을 밟듯이 경계하며 살아야 한다. 그러므로 『계사전』에서는 이렇게 강조한다.

"위태로워질 것을 생각하는 자는 그 자리를 편안하게 하려는 것이요, 망할 것을 염려하는 자는 그 존립을 보존하려는 것이요, 어지러워짐을 염두에 두는 자는 다스림을 얻으려는 것이다. 이런 까닭에 군자는 편안해도 위태함을 잊지 않으며, 잘 유지되어도 망함을 잊지 않으며, 잘 다스려져도 어지러움을 잊지 않는다."(「계사전 하」 5장)

『도덕경』과 『계사전』은 입을 모아 말한다. '당신의 알량한 앎을 내려놓으시오! 스스로 안다는 착각에서, 스스로 옳다는 단정에서 과오가 나오고, 오해가 나오고, 폭력이 나온다오! 스스로를 낮추고 비우고 경계하시오! 하늘과 땅을 살피고, 물과 같은 지혜를 본받으시오!' 『도덕경』과 『계사전』의 오묘하고도 웅장한 언어들을 낭송해 보자. 이 짧은 경구들이 우리 몸과 사유를 헤집고 다니며 우리의 앎을 무장해제시켜 줄 것이다. 우리를 청정한 빈 잔으로 만들어 줄 것이다.

'도'道라고 할 수 있는 도는

항상된 도가 아니다.

이름 지을 수 있는 이름은

항상된 이름이 아니다.

'무'無는 천지의 시작이고

'유'有는 만물의 어머니다.

그러므로 항상된 무에서 도의 미묘함을 볼 수 있고

항상된 유에서 도의 궁극을 볼 수 있다.

유와 무는 같은 곳에서 나왔으나 이름을 달리 할 뿐

둘 다 모두 현묘하다고 일컫는다.

현묘하고 현묘하다.

모든 미묘함의 문이구나!

아름다움을 아름답다고 하는 것은

아름답지 않은 것이 있기 때문이다.

선함을 선하다고 하는 것은

선하지 않은 것이 있기 때문이다.

낭송Q시리즈 북현무
도덕경/계사전

『도덕경』편

『도덕경』

1부
상편(上篇) 도경(道經):
도는 텅 빈 그릇과 같다

1-1.
'도'라고 할 수 있는 도는 도가 아니다

'도'道라고 할 수 있는 도는
항상된 도가 아니다.
이름 지을 수 있는 이름은
항상된 이름이 아니다.
'무'無는 천지의 시작이고
'유'有는 만물의 어머니다.
그러므로 항상된 무에서 도의 미묘함을 볼 수 있고
항상된 유에서 도의 궁극을 볼 수 있다.
유와 무는 같은 곳에서 나왔으나 이름을 달리 할 뿐
둘 다 모두 현묘하다고 일컫는다.
현묘하고 현묘하다.
모든 미묘함의 문이구나!

1-2.
만물의 상대적임

아름다움을 아름답다고 하는 것은
아름답지 않은 것이 있기 때문이다.
선함을 선하다고 하는 것은
선하지 않은 것이 있기 때문이다.

그러므로 유무有無는 서로를 낳고
어려움과 쉬움은 서로를 이루며
길고 짧음은 서로 견주고
위와 아래는 서로 형성되며
음音과 성聲은 서로 어울리고
앞과 뒤는 서로 따른다.

그러므로 성인은 무위無爲로 일을 하고

말 없는 가르침을 행한다.
만물이 일어나도 말하지 않고
생겨나도 소유하지 않으며
행하고도 의지하지 않고
공이 이루어져도 머무르지 않는다.
오직 머무르지 않기에
공이 사라지지 않는다.

1-3.
마음은 비우고 배는 채워라

잘난 사람을 떠받들지 않아
백성들이 다투지 않게 하고
얻기 어려운 재화를 귀하게 여기지 않아
백성들이 도둑질하지 않게 하고
욕심낼 만한 것을 드러내지 않아
백성의 마음을 어지럽지 않게 한다.

그러므로 성인의 다스림은
마음을 비우고 배를 채우며
뜻을 약하게 하고 뼈를 강하게 한다.
항상 백성들을 무지無知·무욕無欲하게 하고,
꾀 있는 자들을 날뛰지 못하게 하니,
'무위'無爲를 행하면 다스려지지 않는 것이 없다.

1-4.
비어 있음으로 작용하는 도

도는 비어 있으나 아무리 써도 고갈되지 않는다.
깊고 깊어, 만물의 근원인 것 같구나!
날카로움을 꺾고, 엉킴을 풀고
광채를 누그러뜨리고, 티끌과 함께 하니
담담하고 그윽하여, 없는 듯하면서도 항상 존재하는
것 같구나!
나는 도가 누구의 아들인지 알지 못하니,
조물주보다 앞서 있는 것 같구나!

1-5.
천지는 어질지 않다

천지는 어질지 않으니 만물을 짚으로 만든 개로 여긴다.

성인은 어질지 않으니 백성을 짚으로 만든 개로 여긴다.

하늘과 땅 사이는 풀무와 같구나!

비어 있되 고갈되지 않고,

움직일수록 더욱더 내놓는다.

말이 많으면 자주 막히니,

'중'中을 지키는 것만 못하다.

1-6.
도는 현묘한 여성이다

골짜기의 신은 죽지 않으니
이것을 '현빈'玄牝: 현묘한 여성성이라 한다.
현빈의 문을 일컬어 천지의 뿌리라 한다.
이어지고 이어져 끊이지 않으며
아무리 사용해도 고갈되지 않는다.

1-7.
천장지구天長地久, 비움이 곧 완성이다

하늘은 길고 땅은 오래간다.
하늘과 땅이 길고 오래가는 것은
자기만 살려 하지 않기 때문이다.
그렇기에 길이 존재할 수 있다.
성인은 자신을 뒤로 하지만 오히려 앞서 가고
자기 몸을 도외시하지만 오히려 보존된다.
이것은 사사로움이 없어서가 아니겠는가?
사사로움이 없기에
사사로움 또한 이룰 수 있는 것이다!

1-8.
상선약수上善若水, 물에게 배우라

최고의 선은 물과 같다.
물은 만물을 이롭게 하면서도
그들과 다투지 않고
뭇 사람들이 싫어하는 곳에 머문다.
그렇기에 물은 도에 가깝다.

머무름에 있어서는 땅처럼 낮음이 좋고
마음 씀에 있어서는 연못처럼 깊음이 좋고
함께 함에 있어서는 자애로움이 좋고
말함에 있어서는 믿음이 좋고
정치를 함에 있어서는 다스려짐이 좋고
일을 함에 있어서는 능통함이 좋고
움직임에 있어서는 상황에 맞는 것이 좋다.

물은 다투는 일이 없으니 허물이 없게 된다.

1-9.
금옥만당金玉滿堂, 채우지 말고 비워라

가지고 있으면서도 더욱 채우려는 것보다
차라리 그만두는 것이 낫다.
날카롭게 갈아서 날을 세우면
예리함을 오래도록 보존할 수 없다.
금과 옥을 가득히 집에 채우면
부유함을 아무도 지킬 수 없다.
부귀하다고 교만해지면
스스로 허물을 남기게 된다.
공을 이루면 자신은 물러나는 것이
하늘의 도이다.

1-10.
현묘한 덕

혼백을 하나로 감싸 안아

분리되지 않을 수 있는가.

정기를 오로지하여 부드러움에 이르되

갓난아이처럼 될 수 있는가.

마음의 거울을 깨끗이 닦아

허물을 없앨 수 있는가.

백성을 사랑하고 나라를 다스림에

무위할 수 있는가.

'천문'天門을 열고 닫음에

여성처럼 할 수 있는가.

명백히 알아 만사에 통달해도

앎에 집착하지 않을 수 있는가.

도는 낳아 주고 길러 준다.
낳아 주어도 소유하지 않고
이루어 놓고도 내세우지 않으며
길러 주고도 지배하려 하지 않는다.
이것을 일러 현묘한 덕[玄德]이라 한다.

1-11.
무無의 쓸모

서른 개의 바퀴 살이 하나의 바퀴 통에 모이니
무無가 있기에 수레의 쓸모가 생긴다.
진흙을 이겨 그릇을 만드니
무가 있기에 그릇의 쓸모가 생긴다.
문과 창을 뚫어 방을 만드니
무가 있기에 집의 쓸모가 생긴다.
그러므로 유有가 이로움이 되는 것은
무가 쓰임이 되기 때문이다.

1-12.
눈과 귀를 멀게 하는 것들

다섯 가지 색깔이 사람의 눈을 멀게 하고

다섯 가지 소리가 사람의 귀를 멀게 하며

다섯 가지 맛이 사람의 입맛을 상하게 한다.

말달리고 사냥하는 것은 사람의 마음을 미치게 만

들고

얻기 어려운 재화는 사람의 행동을 방해한다.

그래서 성인은 배를 채우되

눈을 위하지 않는다.

'저것'을 버리고 '이것'을 취한다.

1-13.
자기 몸을 천하와 같이 아끼라

총애를 받거나 박탈을 당하거나
모두 경계하여 놀란 듯이 하고
몸을 귀하게 여기기를
큰 근심이 있는 듯이 하라.

총애와 박탈을 놀란 듯이 하라는 것은 무슨 뜻인가?
총애는 미천한 것이기에
얻으면 놀란 듯이 하고 잃어도 놀란 듯이 한다.
이것이 총애와 박탈을 놀란 듯이 하라는 말이다.

몸을 귀하게 여기기를 큰 근심이 있는 듯이 하라는
것은 무슨 뜻인가?
내게 큰 근심이 있는 것은 몸이 있기 때문이다.

몸이 없다면 무엇을 근심하겠는가?
자기 몸을 귀히 여기기를 천하와 같이 여기면
천하를 그에게 맡길 수 있고
자기 몸을 아끼기를 천하와 같이 여기면
천하를 그에게 의탁할 수 있다.

1-14.
보려 해도 볼 수 없는 것

보려 해도 볼 수 없는 것을 이夷라 하고
들으려 해도 들리지 않는 것을 희希라 하며
잡으려 해도 잡지 못하는 것을 미微라 한다.
이 세 가지는 따져 물을 수 없는 것.
뒤섞여 하나 되어 있다.

그 위는 밝지 않고 그 아래는 어둡지 않으며
끊임없이 이어져 이름 붙일 수 없다.
다시 아무것도 없는 상태로 돌아가니
이것을 일러 모양 없는 모양이라 하며
사물 없는 형상이라 하며
황홀恍惚이라고 한다.

맞이하려 해도 그 머리를 볼 수 없고
좇으려 해도 그 뒤를 볼 수 없다.
옛날의 도를 잡아 지금의 만물[有]을 다스리니,
이로써 옛날의 시원始原을 알 수 있다.
이것을 일러 도의 실마리[道紀]라 한다.

1-15.
미묘현통微妙玄通을 표현해 보자면

옛날에 도를 잘 행한 사람은
미묘하고 그윽하게 통달하여 깊이를 알 수 없었다.
알 수 없는 그것을 억지로 표현해 보자면,

두려워하네, 겨울에 시내를 건너듯이
신중하네, 사방 이웃을 두려워하듯이
조심스러워하네, 손님을 대하듯이
맺힘 없이 흩어지네, 얼음이 녹듯이
질박하네, 다듬지 않은 통나무와 같이
텅 비어 있네, 계곡과 같이
섞여 있네, 탁한 흙탕물과 같이

누가 탁한 물을 가라앉혀 점점 더 맑아지게 할 수 있

는가?
누가 가만히 있는 것을 움직여 점점 더 생동시킬 수
있는가?

도를 지닌 자는 채우려 하지 않는다.
오직 채우려 하지 않기 때문에
낡은 것을 버리고 새로운 것을 만든다.

1-16.
뿌리로 돌아감

비어 있음의 극치에 이르고
고요함을 꾸준히 유지하라.
만물은 무성하게 생겨나지만
나는 거기서 만물의 돌아감을 본다.

사물은 무성하게 자라나지만, 각기 그 뿌리로 돌아
간다.
뿌리로 돌아가는 것을 정靜이라 하고
정을 일컬어 본래의 명命을 회복하는 것이라 한다.
명을 회복하는 것을 변화의 항상됨[常]이라 하고
변화의 항상됨을 아는 것을 일컬어 밝음[明]이라 한다.

변화의 항상됨을 알지 못하면 망령되게 재앙을 초래

하고

변화의 항상됨을 알면 포용한다.

포용하면 공정해지고

공정하면 온전해지며

온전하면 하늘과 같아지고

하늘과 같아지면 도를 얻으며

도를 얻으면 오래갈 수 있으니

죽을 때까지 위태롭지 않다.

1-17.
으뜸가는 군주는

으뜸가는 군주는 백성이 그가 있음을 알지 못하고
그 다음은 가까이 여기고 예찬한다.
그 다음은 두려워하고
그 다음은 우습게 여긴다.

신의가 부족한 데서 불신이 생기니
유유히 그 말을 아낀다.
공이 이루어지고 일이 완수되어도
백성들은 모두들 자기가 그렇게 했다고 여긴다.

1-18.
위대한 도가 사라지자

위대한 도[大道]가 사라지자 인과 의가 생겨났고
지혜가 나타나자 큰 거짓이 생겨났으며
육친이 불화하자 효도와 자애가 생겨났고
국가가 혼란해지자 충신忠臣이 생겨났다.

1-19.
순박함으로 돌아가라

성인을 끊고 지혜를 버리면
백성의 이익이 백 배가 된다.
인을 끊고 의를 버리면
백성들이 효성과 자애를 회복한다.
기교를 끊고 이익을 버리면
도적이 사라진다.

성인과 지혜, 인과 의, 기교와 이익
이 세 가지는 거짓된 꾸밈이니
본받을 것이 못 된다.
그러므로 사람들이 따를 만한 것이 있어야 한다.

물들이지 않은 명주의 소박함을 드러내라.
다듬지 않은 통나무의 질박함을 품으라.
사사로운 나를 덜어 내고 욕심을 줄이라.

1-20.
학문을 끊으면 근심이 없어진다

학문을 끊으면 근심이 없어진다.
공손한 대답과 무례한 대답의 차이는 얼마나 되는가?
선함과 악함의 차이는 얼마나 되는가?
사람들이 두려워하는 것은 나 또한 두려워하지 않을
수 없다.
아득하기가 끝이 없구나!

사람들은 희희낙락 큰 잔치를 즐기듯이 하고
봄날에 누각에 오르듯 하는데
나 홀로 적막하여 움직이지 않는구나!

어리석음이여, 아직 웃지 못하는 갓난아기와 같구나!
지친 모습이여, 돌아갈 곳이 없는 듯하구나!

사람들은 모두 넘치고 남으나 나만 홀로 어수룩하니
이 어리석은 사람의 마음
우매하구나, 우매하구나!

세상 사람 모두 밝으나 나만 홀로 어둡구나!
세상 사람 모두 총명하나 나만 홀로 어리숙하구나!
나의 고요함, 마치 바다와 같고
바람처럼 몰아침, 쉼이 없구나!

사람들은 모두 쓰임이 있는데
나만 홀로 어리석고 촌스럽구나!
나는 홀로 사람들과 다르니
나를 먹여 주는 어머니를 귀하게 여긴다.

1-21.
만물의 시원을 보다

위대한 도의 모습은 오직 도를 따른다.
도라는 것은 오직 있는 듯 없는 듯 황홀하다.
있는 듯 없는 듯 함이여! 그 안에 조짐[象]이 있고
없는 듯 있는 듯 함이여! 그 안에 사물[物]이 있고
고요한 듯 어두움이여! 그 안에 정수[精]가 있어
그 정수는 매우 참되며
그 가운데 진실이 있으니
지금으로부터 과거에 이르기까지 그 이름이 떠나지
않으며
이로써 만물의 시원을 볼 수 있다.
내가 어떻게 만물의 시원을 볼 수 있겠는가?
이로써이다!

1-22.
굽으면 온전해진다

굽으면 온전해지고
꺾이면 곧아지며
움푹 파이면 채워지고
해지면 새로워지며
적으면 얻게 되고
많으면 미혹된다.

이로써 성인은 하나를 품어 천하의 본보기가 된다.
스스로 드러내지 않으므로 밝아지고
스스로 옳다고 하지 않으므로 돋보이며
스스로 자랑하지 않으므로 공이 있고
스스로 뽐내지 않으므로 오래간다.

오직 다투지 않으므로 천하가 그와 더불어 다투지 않
으니
'굽히면 온전해진다'는 옛말이 어찌 허튼말이겠는가?
진실로 온전히 하면 도에 이르게 된다.

1-23.
말을 드물게 하는 것이 자연스러운 것이다

말을 드물게 하는 것이 자연스러운 것이다.
사나운 바람은 아침나절을 넘기지 못하고
소나기는 하루를 다하지 못한다.
누가 이렇게 하는가?
천지天地다.
천지가 하는 일도 오래갈 수 없는데
하물며 사람에게 있어서랴?

그러므로 도를 따르는 자는 도와 하나 되고
덕을 따르는 자는 덕과 하나 되며
잃음을 따르는 자는 잃음과 하나 된다.
도와 하나 되려 하면 도 또한 기꺼이 그를 받아들이고
덕과 하나 되려 하면 덕 또한 기꺼이 그를 받아들이며
잃음과 하나 되려 하면 잃음 또한 기꺼이 그를 받아
들인다.

1-24.
발끝으로는 바로 설 수 없다

발끝으로는 바로 설 수 없고
뜀박질로는 오래 걸을 수 없다.

스스로 드러내는 자는 밝지 않고
스스로 옳다고 하는 자는 드러나지 않고
스스로 자랑하는 자는 공이 없고
스스로 뽐내는 자는 오래갈 수 없다.

도의 관점에서 말하자면
밥찌꺼기요 군더더기다.
사람들은 항상 그것을 미워하니
도를 가진 자는 그렇게 행동하지 않는다.

1-25.
도는 자연을 본받는다

만물이 뒤섞인 혼돈이 있어
하늘과 땅보다 먼저 생겨났으니
고요하도다! 적막하도다!
홀로 우뚝 서서 변하지 않으며
두루 운행하지만 쉼이 없으니
천지의 어미가 될 수 있다.

나는 그 이름을 알지 못하니
억지로 이름하여 '도'[道]라 하고
억지로 이름하여 '큼'[大]이라 한다.
크다는 것은 떠나간다[逝]는 것이고
떠나간다는 것은 멀어진다[遠]는 것이고
멀어진다는 것은 돌아온다[反]는 것이다.

그러므로 도가 크고, 하늘이 크고, 땅이 크고, 사람이
또한 크다.
세상에 네 가지 큰 것이 있으니 사람이 그 중 하나다.
사람은 땅을 본받고, 땅은 하늘을 본받고, 하늘은 도
를 본받고,
도는 자연을 본받는다.

1-26.
무거움의 덕, 고요함의 덕

무거운 것은 가벼운 것의 뿌리요
고요한 것은 조급한 것의 우두머리다.
그러므로 성인은 종일토록 다녀도
무거운 짐수레를 떠나지 않으며
찬란한 궁궐에 있어도
편안하고 초연하게 거한다.
어찌 만대의 전차를 가진 군주가
천하에 경솔히 할 수 있겠는가?
가벼우면 근본을 잃고
조급하면 군주의 지위를 잃는다.

1-27.
잘한다는 것

길을 잘 가는 사람은 자취를 남기지 않고
말을 잘하는 사람은 흠을 남기지 않으며
계산을 잘하는 사람은 산가지를 쓰지 않는다.
잘 닫힌 문은 빗장이 없어도 열리지 않고
잘 맺힌 매듭은 졸라매지 않아도 풀리지 않는다.

그러므로 성인은
항상 사람을 잘 구제하므로 버려지는 사람이 없고
항상 사물을 잘 구제하므로 버려지는 사물이 없으니
이를 일러 끊어지지 않는 지혜[襲明]라 한다.

그러므로 선한 사람은 선하지 못한 사람의 스승이며
선하지 않은 사람은 선한 사람의 밑천이 된다.

그 스승을 귀하게 여기지 않고

그 밑천을 아끼지 않으면

비록 지혜가 있어도 크게 미혹될 것이니

이를 일러 현묘한 요점[要妙]이라 한다.

1-28.
남성을 알고 여성을 지키라

남성을 알고 여성을 지키면
천하의 계곡이 된다.
천하의 계곡이 되면 항상된 덕이 떠나지 않고
갓난아이의 상태로 되돌아간다.

흰 것을 알고 어두운 것을 지키면
천하의 규칙이 된다.
천하의 규칙이 되면 항상된 덕에 어긋나지 않고
무극無極의 상태로 복귀한다.

영광을 알고 욕됨을 지키면
천하의 골짜기가 된다.
천하의 골짜기가 되면 언제나 덕이 넉넉하며

다듬지 않은 통나무의 상태로 돌아간다.

다듬지 않은 통나무를 쪼개면 그릇이 된다.
성인이 그것을 써서 관직과 예법을 만든다.
그러므로 위대한 다스림은 나누지 않는다.

1-29.
얻으려 하면 얻지 못한다

천하를 다스리려 하면서 작위하려는 자 있으니
나는 그것을 이룰 수 없음을 본다.
천하라는 물건은 신묘하기에
작위할 수 없고 잡을 수도 없다.
작위하려는 자 실패하고
잡으려는 자 놓친다.
그래서 성인은 무위하여
실패하지 않고 잡지 않는다.
그러므로 잃지 않는다.

사물의 성정은 저마다 달라
앞서기도 하고 뒤따르기도 하며
들이쉬기도 하고 내쉬기도 하고

강하기도 하고 파리하기도 하고
쌓이기도 하고 무너져 내리기도 한다.

그래서 성인은 심한 것을 버리고
사치스러운 것을 버리고
지나친 것을 버린다.

1-30.
군대가 머문 곳에는 가시덤불이 자란다

도로써 군주를 돕는 사람은
군대로 천하에 군림하지 않으니,
그렇게 하면 반드시 되돌아오는 게 있다.
군대가 머문 곳에는 가시덤불이 자라고,
대군이 지나간 후에는 반드시 흉년이 든다.
군대를 잘 부리는 자는 결과에 이르면 그치니
구태여 강함을 추구하지 않는다.

목적을 이루었다고 뽐내지 말고
목적을 이루었다고 자랑하지 말며
목적을 이루었다고 교만하지 말라.
목적을 이룰 때는 부득이하게 행하고
목적을 이루었다고 강포해지지 말라.

사물은 장성하면 노쇠하게 되니
이를 두고 도에 맞지 않는다 한다.
도에 맞지 않으면 일찍 끝나 버린다.

1-31.
무기는 상서롭지 못하다

무기는 상서롭지 못한 도구이니
사람들은 그것을 싫어한다.
그러므로 도를 가진 사람은 거기 머무르지 않는다.
군자는 평소에 왼쪽을 귀히 여기나
용병을 할 때는 오른쪽을 귀히 여긴다.

무기는 상서롭지 못한 도구이니
군자의 도구가 아니다.
부득이할 경우에만 사용하되
초연함과 담담함을 최상으로 여긴다.
승리를 거두더라도 찬미하지 않으니
찬미하는 자는 살인을 즐기는 것이다.
살인을 즐기는 자는 결코 세상에서 큰 뜻을 얻을 수
없다.

길한 일에는 왼쪽을 숭상하고 흉한 일에는 오른쪽을
숭상한다.
서열이 낮은 장군[偏將軍]이 왼쪽에 거하고
서열이 높은 장군[上將軍]이 오른쪽에 거하는 것은
전쟁에 임하는 것이 상례喪禮와 같음을 말한다.

죽인 사람이 많다면 비통한 마음으로 애도하라.
전쟁에 승리했어도 상례에 따라 처리하라.

1-32.
도는 통나무와 같다

도는 항상된 이름이 없으니
통나무처럼 질박하다.
겉보기엔 비록 작으나
세상 누구도 굴복시키지 못한다.
제후와 왕이 이것을 지키면
만물이 저절로 복종할 것이다.
하늘과 땅이 합하여 단 이슬을 내리듯
명령하지 않아도 스스로 균형을 이룬다.
처음 만물이 만들어질 때 이름이 생겼으니
이름이 있고 나면 또한 멈출 줄도 알아야 한다.
멈출 줄 안다면 위태로움이 없다.
비유하자면, 도가 천하에 있는 것은
골짜기의 물이 강과 바다로 흘러가는 것과 같다.

1-33.
자신을 아는 자, 자신을 이기는 자

남을 아는 자는 꾀가 있고
자기 자신을 아는 자는 밝음이 있다.
남을 이기는 자는 힘이 있고
자기 자신을 이기는 자는 강건함이 있다.
만족할 줄 아는 자는 부유하고
힘써 행하는 자는 뜻이 있다.
자기 본분을 잃지 않는 자는 오래가고,
죽어도 망하지 않는 자는 오래 산다.

1-34.
큰 도는 넓디넓어

큰 도는 넓디넓어 좌우 어디에나 가득하다.
만물이 도에 의지해 생겨나지만 자기 공로를 말하지
않고
공이 이루어져도 자기 이름을 드러내려 하지 않고
만물을 감싸 기르지만 주인 노릇을 하지 않는다.
언제나 욕심이 없으니 '작다'고 이름할 수 있고
만물이 귀의하지만 주인노릇을 하지 않으니 '크다'고
이름할 수 있다.
성인은 스스로 크다고 하지 않으니
능히 그 위대함을 완성한다.

1-35.
도는 담담하여 아무 맛이 없다

위대한 도를 잡으면 천하가 몰려오나
몰려와도 해침이 없으며 편안하고 태평하다.
좋은 음악과 맛있는 음식은 지나가던 길손을 멈추게
하지만
도에 관한 말은 맛이 없이 담담하다.
보려 해도 보이지 않고
들으려 해도 들리지 않으며
아무리 써도 고갈되지 않는다.

1-36.
은미한 밝음

상대를 위축시키려면 반드시 먼저 펼치게 하고
상대를 약하게 하려면 반드시 먼저 강하게 하고
상대를 폐하게 하려면 반드시 먼저 흥하게 하고
상대로부터 빼앗으려면 반드시 먼저 내주어야 한다.
이를 일러 은미한 밝음[微明]이라 한다.
부드럽고 약한 것이 굳세고 강한 것을 이긴다.
물고기가 연못을 벗어나면 안 되듯
날카로운 무기를 함부로 내보이지 말라.

1-37.
함이 없으나 하지 못하는 것이 없다

도는 항상 무위하지만 하지 못하는 것이 없다.
제후와 왕이 그것을 지키면
만물이 스스로 이루어질 것이다.
만물이 스스로 이루어지는데도
작위하려는 욕심이 일어난다면
이름 없는 질박함으로 그것을 누를 것이다.
이름 없는 질박함으로 그것을 누르면
욕심이 일어나지 않을 것이요
욕심이 일어나지 않으면 고요해지니
천하가 스스로 안정될 것이다.

『도덕경』

2부
하편(下篇) 덕경(德經) :
높은 덕은 덕스럽지 않다

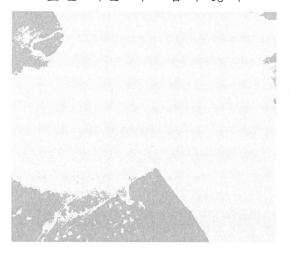

2-1.
덕을 논함

높은 덕은 덕스럽지 않으니 이 때문에 덕이 있고
낮은 덕은 그 덕을 잃지 않으려 하니 이 때문에 덕이
없다.
높은 덕을 지닌 사람은 무위하여 의도를 가지고 작위
하지 않고,
낮은 덕을 가진 사람은 유위하여 의도를 가지고 작위
한다.

높은 인仁을 가진 사람은 작위하지만 의도를 가지고
하지 않는다.
높은 의義를 가진 사람은 작위하면서 의도를 가지고
한다.
높은 예禮를 가진 사람은 팔뚝을 걷어붙이고 억지로

시키려 든다.

그러므로 도가 없어지면 덕이 나타나고
덕이 없어지면 인이 나타나고
인이 없어지면 의가 나타나고
의가 없어지면 예가 나타난다.

무릇 예라는 것은 충성과 신의의 얄팍함이요
혼란으로 가는 시초이다.
미리 만들어진 규범은 도의 헛된 화려함이요
어리석음의 시작이다.
이 때문에 대장부는 두터움에 머물지
얄팍함에 머물지 않으며
열매의 실함에 머물지
꽃의 화려함에 머물지 않는다.
그러므로 옅음과 화려함을 버리고
두터움과 견실함을 취한다.

2-2.
하나를 얻음

예로부터 하나[一]를 얻은 것들이 있으니
하늘은 하나를 얻어서 맑아졌고
땅은 하나를 얻어서 편안해졌으며
신神은 하나를 얻어서 영묘해졌고
골짜기는 하나를 얻어서 가득 찼으며
만물은 하나를 얻어서 생겨났고
왕공은 하나를 얻어 천하를 바르게 했으니
그렇게 만든 것은 모두 하나다.

하늘이 맑아지지 않았다면 아마도 찢어졌을 것이고
땅이 편안해지지 않았다면 아마도 무너졌을 것이며
신이 영묘해지지 않았다면 아마도 고갈되었을 것
이고

골짜기가 가득 차지 않았다면 아마도 말라붙었을 것이며

만물이 생겨나지 않았다면 아마도 소멸되었을 것이고

왕공이 바르게 하려 하지 않았다면 아마도 무너졌을 것이다.

그러므로 귀한 것은 천한 것을 근본으로 삼고

높은 것은 낮은 것을 바탕으로 한다.

이런 까닭에 왕공은 스스로를

외로운 사람[孤], 덕이 부족한 사람[寡], 선하지 않은 사람[不穀]이라 한다.

이것이 천함을 근본으로 삼는 것이 아니겠는가?

그렇지 아니한가?

그러므로 최고의 명예는 명예가 없는 것이니

옥처럼 영롱하길 바라지 말고 돌과 같이 울퉁불퉁하라.

2-3.
되돌아감과 약함

되돌아가는 것이 도의 움직임이고
약한 것이 도의 쓰임이니
천하 만물은 유에서 생겨나고
유는 무에서 생겨난다.

2-4.
대기만성大器晚成, 가장 뛰어난 것은

가장 뛰어난 선비는 도를 들으면 힘써 행하고
보통의 선비는 도를 들으면 긴가민가하고
못난 선비는 도를 들으면 크게 웃으니
웃음거리가 되지 않으면 도라고 할 수가 없다.
그래서 다음과 같은 말을 세우게 되었다.

밝은 도는 어두운 듯하고
확신하는 도는 물러나는 듯하며
평탄한 도는 울퉁불퉁한 듯하다.
최고의 덕은 골짜기와 같고
넓은 덕은 부족한 듯하며
건실한 덕은 게으른 듯하고
진실된 것은 변하는 듯하며

희디흰 것은 더러운 듯하고
크게 모난 것은 모나지 않은 듯하다.
큰 그릇은 늦게 이루어지고
큰 소리는 잘 들리지 않으며
큰 형상은 형체가 없으니
도는 숨어서 이름이 없으나
오직 도道만이 베풀고 완성시켜 준다.

2-5.
도는 하나를 낳고

도는 하나를 낳고
하나는 둘을 낳으며
둘은 셋을 낳고
셋은 만물을 낳는다.

만물은 음을 등에 업고 양을 끌어안으니
기가 움직여 조화를 이룬다.

사람들이 싫어하는 것은
외롭고[孤], 덕이 부족하고[寡], 선하지 않은 것[不穀]
이나,
왕공은 이것을 자신의 칭호로 삼는다.
그러므로 만물은 덜어내고자 하면 보태지고,

보태고자 하면 덜어지는 것이다.

사람들이 가르치려는 바를 나 또한 가르치니,

강하고 난폭한 자는 제 명에 죽지 못한다.

내 장차 이것을 가르침의 본보기로 삼을 것이다.

2-6.
부드러운 것이 단단한 것을 부린다

천하의 지극히 부드러운 것이
천하의 지극히 단단한 것을 부리고
형체가 없는 것은
틈이 없는 곳에도 들어가니
나는 이로써 무위의 유익함을 안다.
말 없는 가르침과 무위의 이로움.
천하에 이것을 따를 만한 것 없다.

2-7.
장구하게 사는 법

명성과 몸, 어느 것이 더 귀한가?

몸과 재산, 어느 것이 더 중요한가?

얻음과 잃음, 어느 것이 더 해로운가?

지나치게 좋아하면 반드시 크게 사라지고

지나치게 쌓아 두면 반드시 크게 잃는다.

만족할 줄 알면 욕되지 않고

그칠 줄 알면 위태롭지 않으니

이렇게 하면 오래갈 수 있다.

2-8.
대교약졸大巧若拙,
충만한 것은 서툰 듯하다

크게 완성된 것은 흠이 있는 듯하다.
하지만 그 쓰임에는 다함이 없다.
크게 가득 찬 것은 텅 빈 듯하다.
하지만 그 쓰임에는 끝이 없다.
크게 곧은 것은 굽은 듯하고
크게 뛰어난 솜씨는 서툰 듯하고
크게 훌륭한 말솜씨는 어눌한 듯하다.

고요함이 조급함을 이기고
추위가 열기를 이기니
청정함, 이것이 천하를 바르게 한다.

2-9.
만족을 아는 만족

천하에 도가 있으면 달리던 군마를 되돌려 밭을 일
구고
천하에 도가 없으면 군마가 전쟁터에서 새끼를 낳
는다.
화는 만족할 줄 모르는 것보다 큰 것이 없고
허물은 얻으려고 욕심내는 것보다 큰 것이 없다.
그러므로 만족을 아는 만족이야말로 진정한 만족
이다.

2-10.
멀리 나갈수록 앎은 적어진다

문 밖을 나가지 않고도 천하를 알고
창문을 내다보지 않아도 천도를 보니
나아감이 멀어질수록 앎은 점점 적어진다.
이로써 성인은 돌아다니지 않아도 알고
보지 않아도 훤하며
작위하지 않아도 이룬다.

2-11.
배움은 더하는 것, 도는 덜어내는 것

배움을 행함은 날로 더하는 것이고
도를 따름은 날로 덜어내는 것이다.
덜어내고 또 덜어내어 무위에 이르니
무위에 이르면 하지 못하는 것이 없다.
천하를 다스리는 것은 항상 일삼는 바가 없어야 하니
일삼는 바가 있으면 천하를 취하지 못한다.

2-12.
성인은 모두를 어린아이로 대한다

성인에겐 고정된 마음이 없으니
백성의 마음을 자기 마음으로 삼는다.
선한 사람은 선으로 대하고
선하지 않은 사람도 선으로 대하니
그리하여 선을 얻게 된다.
신의가 있는 사람은 신의로 대하고
신의가 없는 사람도 신의로 대하니
그리하여 신의를 얻게 된다.
성인이 천하에 임할 때는
오직 포용하고 포용할 뿐이니
천하를 다스림에 그 마음이 혼연히 하나 된다.
백성들은 이목을 집중해 시비를 가리지만
성인은 모두를 어린아이로 대한다.

2-13.
생생지후生生之厚, 삶에 집착하는 무리들

태어남을 삶이라 하고 들어감을 죽음이라 하는데
삶으로 가는 무리가 열에 셋이고
죽음으로 가는 무리가 열에 셋이며
살아 있는데 공연히 죽음으로 가는 무리가 또한 열에
셋이다.
왜 그러한가?
살려고 애쓰는 것이 지나치기 때문이다.

듣건대, 섭생을 잘하는 이는
뭍으로 다녀도 외뿔소나 범을 만나지 않고,
전쟁터를 지나도 창칼에 찔리지 않는다.
외뿔소는 그 뿔로 뚫을 것이 없고,
호랑이는 발톱으로 할퀼 곳이 없고,

병기는 그 날로 찌를 것이 없으니,

왜 그러한가?

죽을 곳에 들어가지 않기 때문이다.

2-14.
도는 낳고 덕은 기른다

도道는 낳고 덕德은 길러

형체가 생겨나고 기세가 이루어진다.

이런 까닭에 만물은 도를 존중하고

덕을 귀하게 여기지 않을 수 없다.

도가 존중받고 덕이 귀하게 여겨지는 것은

간섭하지 않고 항상 저절로 되도록 맡겨 두기 때문

이다.

그러므로 도는 낳고 덕은 기르니,

키우고 기르며, 안정시키고 성장시키며, 보살피고 덮

어 준다.

낳되 소유하지 않고, 작위하되 내세우지 않고, 기르

되 주재하지 않으니,

이를 일러 현묘한 덕이라 한다.

2-15.
도는 만물의 어머니

천하에 시초가 있으니, 그것은 천하의 어머니다.
어머니를 얻고 나서 그 자식을 알고,
자식을 알고 나서 그 어머니를 지키면,
몸이 다할 때까지 위태롭지 않다.

욕망의 입구[兌]를 막고 문을 닫으면 평생 수고롭지
않으나
욕망의 입구를 열고 일을 벌이면 종신토록 구제받지
못한다.
작음을 보는 것을 밝음이라 하고
부드러움을 지키는 것을 강함이라 한다.
그 빛을 쓰되 본래의 밝음으로 돌아가야
스스로에게 재앙을 남기지 않으니
이것이 영원한 도를 이어간다는 것이다.

2-16.
도둑의 우두머리

나에게 조금이라도 지혜가 있다면
큰 도의 길로 나아갈 것이며
오직 샛길에 들까 두려워할 것이다.
대도大道는 매우 평탄하나
사람들은 샛길을 좋아한다.

조정은 정돈되어 있으나
밭은 황폐하고 곳간은 비어 있다.
화려한 옷을 입고, 날카로운 칼을 차며, 물리도록 먹
고 마셔도
재물이 남아돈다.
이것을 일러 도둑의 우두머리[盜夸]라 하니
이것은 결코 도가 아니다!

2-17.
자신에게 도를 닦으면

굳건히 세운 것은 뽑히지 않고
확실히 끌어안은 것은 빠지지 않으니
자손들의 제사가 그치지 않을 것이다.

도를 자신에게 실천하면 그 덕이 진실해지고
가정에 실천하면 그 덕이 넉넉해지고
마을에 실천하면 그 덕이 오래가고
나라에 실천하면 그 덕이 풍성하고
천하에 실천하면 그 덕이 널리 미친다.
그러므로 자신을 통해 자신을 보고
집안을 통해 집안을 보고
마을을 통해 마을을 보고
나라를 통해 나라를 보고

천하를 통해 천하를 본다.

내가 어찌 천하가 이러한 줄 알겠는가?

이로써 아는 것이다.

2-18.
갓난아이

덕을 넉넉히 품은 이는 갓난아이와 같으니
독충이 쏘지 않고, 맹수가 덮치지 않고, 독수리도 낚
아채지 않는다.
뼈는 약하고, 근육은 연하나, 쥐는 힘은 단단하다.
암수의 교합을 알지 못하나, 성기는 일어나니
이것은 정기의 지극함이다.
종일토록 울어도 목 쉬지 않으니,
이것은 조화의 지극함이다.
조화를 아는 것을 일러 항상됨[常]이라 하고,
영원을 아는 것을 일러 밝음[明]이라 한다.
삶을 탐내는 것을 일러 요망함[祥]이라 하고,
욕심으로 기氣를 부리는 것을 일러 강포함[强]이라
한다.

사물은 장성하면 노쇠하게 되니
이를 일러 도가 아니라고 한다.
도가 아닌 것은 일찍 끝난다.

2-19.
화광동진和光同塵, 티끌과 하나 돼라

아는 사람은 말하지 않고, 말하는 사람은 알지 못한다.
입구를 막고 문을 닫으며
예리함을 꺾고 엉킴을 풀며
빛을 누그러뜨려 세속의 티끌에 동화되니
이를 일러 현묘한 하나 됨[玄同]이라 한다.
이런 사람은 가까이할 수도 없고 멀리할 수도 없으며
이롭게 할 수도 없고 해롭게 할 수도 없으며
귀하게 할 수도 없고 천하게 할 수도 없으니
그러므로 천하에서 가장 귀한 것이 된다.

2-20.
다스리지 않는 다스림

바름으로 나라를 다스리고
임기응변으로 군대를 부리며
일삼지 않음[無事]으로 천하를 취한다.
어떻게 이것을 알겠는가?
이것에 의해서다.
천하에 금하는 것이 많을수록 백성은 더욱 가난해
지고
세상에 이로운 기물이 많을수록 나라는 더욱 혼미해
지며
사람들에게 기교가 많을수록 사악한 일은 계속해서
일어나고
법령이 복잡해질수록 도적은 점점 더 많아진다.
그러므로 성인은 이렇게 말한다.

내가 무위하니 백성이 스스로 교화되고
내가 고요함을 좋아하니 백성이 스스로 바르게 되고
내가 쓸데없는 일을 만들지 않으니 백성이 스스로 부
유해지고
내가 욕심을 내지 않으니 백성이 스스로 순박해진다.

2-21.
어수룩한 다스림

정치가 넉넉하면 백성이 순박해지고
정치가 촘촘하면 백성이 교활해진다.
화여, 복이 그대에게 기대고 있구나!
복이여, 화가 그대 안에 엎드려 있구나!
누가 화와 복의 끝을 알겠는가.
바름이 따로 있지 않으니!
바름이 다시 틀어짐이 되고
선함이 다시 악함이 되니
사람들이 미혹된 지가 참으로 오래되었구나.
이런 까닭에 성인은 반듯하지만 남을 재단하지 않고,
스스로 예리하지만 남을 해치지는 않으며
스스로 올곧으나 방자하지는 않고
빛이 나지만 눈부시게 하지는 않는다.

2-22.
장생구시長生久視, 아끼면 오래간다

사람을 다스리고 하늘을 섬기는 데
아끼는 일보다 좋은 것이 없다.
아끼는 일을 일컬어
일찌감치 준비하는 것이라 한다.
일찌감치 준비하는 것을 일러
덕을 두텁게 쌓는다고 한다.
덕을 두텁게 쌓으면 이기지 못할 것이 없고
이기지 못할 것이 없으면 그 한계를 알지 못하니
그 한계를 알지 못하면 이로써 나라를 가질 만하다.
나라에 근본이 있으면 오랫동안 유지할 수 있다.
이것이 곧 뿌리가 깊고 단단하다는 것이니
길게 살고 오래 보는[長生久視] 길이다.

2-23.
작은 생선을 지지듯

큰 나라를 다스리는 것은

작은 생선을 지지는 일과 같다.

도를 가지고 천하를 다스리면

귀신도 힘을 쓰지 못한다.

귀신이 힘이 없어서가 아니라

힘이 있어도 사람을 해치지 않는 것이다.

귀신이 사람을 해치지 않을 뿐 아니라

성인 또한 사람을 해치지 않는다.

양쪽이 서로 해치지 않으니

그러므로 덕이 서로에게 돌아간다.

2-24.
여성은 고요함으로 남성을 이긴다

큰 나라는 하류와 같으니

천하의 흐름이 모이는 곳이며, 천하의 여성이다.

여성은 고요함으로 남성을 이기니

고요히 스스로를 낮추기 때문이다.

그러므로 큰 나라가 작은 나라에 낮추면

작은 나라를 얻고

작은 나라가 큰 나라에 낮추면

큰 나라를 얻는다.

그러므로 어떤 나라는 아래로 내려감으로써

다른 나라를 얻고

어떤 나라는 아래에 있어서

다른 나라를 얻는다.

큰 나라가 바라는 것은

다른 나라를 함께 기르려는 것뿐이고
작은 나라가 바라는 것은
다른 나라에 받아들여져 섬기려는 것뿐이니
큰 나라와 작은 나라가 각자 바라는 바를 얻으려면
마땅히 큰 나라가 스스로를 낮추어야 한다.

2-25.
도는 만물의 저장고

도는 만물의 깊은 저장고이니
선한 사람들의 보배요
선하지 않은 사람도 지니고 있다.
아름다운 말은 널리 알려지고
훌륭한 행실은 남에게 영향을 준다.
사람이 선하지 않다고 해서 어찌 버리겠는가?

그러므로 천자天子를 세우고 삼공三公을 임명할 때
큰 옥을 받들고 사두마차를 앞세우는 것이
가만히 앉아서 도道를 내세우는 것만 못하다.

옛날에 도를 귀하게 여긴 까닭은 무엇인가?
구하면 곧 얻을 수 있기 때문 아니겠는가?
죄가 있어도 면할 수 있기 때문 아니겠는가?
그러므로 천하에 가장 귀한 것이 되는 것이다.

2-26.
작은 것을 크게 여기라

행함이 없음[無爲]을 행하고
일삼지 않음[無事]을 일삼으며
맛 없음[無味]을 맛보라.
작은 것을 크게 여기고
적은 것을 많게 여기라.

어려운 일은 쉬운 데서 도모하고
큰 일은 작은 일에서 시작하라.
천하의 어려운 일은 반드시 쉬운 데서 일어나고,
천하의 큰 일은 반드시 작은 데서 일어나니,
그러므로 성인은 끝내 큰 일을 하지 않기에
비로소 큰 일을 이루는 것이다.
가벼운 승낙은 믿기 어렵고,

쉬운 일이 많다고 여기면 어려운 일이 많다.
그러므로 성인은 일을 어렵게 여기기에
끝내 어려움이 없는 것이다.

2-27.
미약할 때 다스려라

편안할 때 지키기 쉽고
조짐이 없을 때 도모하기 쉽다.
연한 것은 풀리기 쉽고
미미한 것은 흩어지기 쉽다.
드러나지 않았을 때 처리하고
어지러워지기 전에 다스려라.

한 아름드리 나무도 털끝만 한 싹에서 생겨나고
구층 누대도 한 줌의 흙에서 올라가며
천 리 길도 발 밑에서 시작된다.

억지로 행하는 자는 실패하고
집착하는 자는 잃게 된다.

그러므로 성인은 무위하기 때문에 실패하지 않고
집착하는 것이 없기에 잃어버리지 않는다.

사람들이 일을 하면
항상 거의 다 될 때쯤 실패한다.
끝 마무리를 신중히 함을
처음 일을 시작하듯 하라.
그러면 일에 실패하지 않을 것이다.

이 때문에 성인은 사람들이 욕심내지 않는 것을 욕심
내고
얻기 어려운 재화를 귀하게 여기지 않으며
사람들이 배우지 않는 것을 배우고
사람들이 지나쳐 버리는 것을 되돌리니
이렇게 함으로써 만물의 스스로 그러함을 도울 뿐
감히 억지로 하려 하지 않는다.

2-28.
백성들을 어수룩하게 만들라

옛날에 도를 잘 행하던 사람은 백성을 밝게 하지 않
았다.

오히려 어수룩하게 만들었다.

백성을 다스리기 어려운 것은 그들이 앎이 많기 때문
이다.

그러므로 앎으로써 나라를 다스림은 나라의 적이요,

앎으로 나라를 다스리지 않음은 나라의 복이다.

이 두 가지를 아는 것이 또한 법도가 되니,

이 법도를 항상 알면 이를 일러 현묘한 덕[玄德]이라
한다.

현묘한 덕은 깊고도 멀다.

만물과 더불어 순박함으로 되돌아가니

그런 연후에야 크게 순응하게 된다.

2-29.
골짜기의 물이 바다로 모이는 이유

강과 바다에 수많은 계곡물이 모이는 것은
자신을 낮추기를 잘하기 때문이다.
그러므로 수많은 계곡물이 모여들 수 있는 것이다.

이 때문에 성인은 백성 위에 오르고자 하면
반드시 말을 낮추어야 하고
백성들 앞에 나서고자 하면
반드시 자신을 뒤로 해야 한다.

그러므로 성인은 위에 있더라도
백성들이 그를 무겁게 여기지 않고
앞에 있더라도
백성들이 그를 해롭게 여기지 않는다.

이 때문에 천하가 즐거이 추대하고
싫어하지 않는다.
성인은 다투지 않으므로
천하가 그와 더불어 다투지 않는다.

2-30.
세 가지 보물

세상 사람들이 모두 나에게 말하기를,
"도道는 광대하지만 쓸모없는 것 같다."
오직 광대하기에 쓸모없는 것 같은 것이다.
만일 쓸모 있었으면
오래전에 이미 보잘것없어졌을 것이다.

나에게 세 가지 보물이 있으니
이것을 지키고 보존한다.
첫째는 자애요
둘째는 검약이요
셋째는 감히 천하에 앞서려 하지 않는 것이다.

자애롭기 때문에 용감할 수 있고,

검약하기 때문에 넉넉할 수 있다.
감히 천하에 앞서려 하지 않기 때문에 만물의 우두머
리가 될 수 있다.
지금 자애를 버리고 용기에만 힘쓰고
검약을 버리고 넉넉함만 추구하며
물러섬을 버리고 앞서려고만 하니
이는 죽음의 길이다.

자애로움으로 싸우면 승리하게 되고
자애로움으로 지키면 견고하게 된다.
하늘이 누군가를 구하려 한다면
자애로움으로 지켜 줄 것이다.

2-31.
하늘과 짝함

병사를 잘 이끄는 장수는 과시하지 않고
전쟁을 잘 하는 장수는 분노하지 않으며
적에게 승리하기를 잘하는 장수는 맞서지 않고
사람을 잘 쓰는 자는 자기가 먼저 낮춘다.

이를 일러 다투지 않는 덕이라 하고
이를 일러 사람을 부리는 힘이라 하며
이를 일러 하늘과 짝하는 지극함이라 한다.

2-32.
현묘한 용병

병법에 이런 말이 있다.
"주도적으로 공격하지 말고
오히려 방어를 하며,
한 치를 전진하려 하지 말고
오히려 한 자를 물러서라."

말하자면 이것은
진세陣勢가 있으나 진세가 없는 듯하고
팔뚝을 휘두르지만 팔이 없는 듯하며
적과 맞서고 있지만 적군이 없는 듯하고
무기가 있으나 잡을 무기가 없는 듯하다는 것이다.

적을 가볍게 여기는 것보다 더 큰 화가 없으니

적을 가볍게 여기다가는 내 보배를 잃게 된다.

그러므로 무기를 들고 서로 싸울 때에는

애통해하는 자가 이긴다.

2-33.
알기 어려움

내 말은 무척 알기 쉽고, 무척 행하기 쉬운데
천하에 아는 이 없고, 행하는 이 없다.
말에는 근본이 있고, 일에는 중심이 있으나
사람들이 이를 모르니, 나를 알지 못한다.
나를 아는 자 드무니, 나를 따르는 자 귀하다.
이 때문에 성인은 거친 베옷을 걸치고
귀한 옥을 품는다.

2-34.
병을 병으로 알면 병이 아니다

알지 못한다는 것을 아는 것이 최상이고
알지 못하면서도 안다고 하는 것은 병이다.
병을 병으로 여기면 병이 되지 않는다.
성인은 병이 없다.
병을 병으로 알기에
병이 없는 것이다.

2-35.
억누르지 않으면 싫어하지 않는다

백성들이 지배자의 위력을 두려워하지 않으면
더욱 큰 위기가 닥친다.
백성들이 머무는 곳을 업신여기지 말고
백성들의 생업을 억누르지 말라.
억누르지 않으면
싫어하지 않는다.

그러므로 성인은 스스로를 알지만
스스로를 드러내지 않고
스스로를 아끼지만
스스로를 귀하게 여기지 않는다.
그러므로 저것을 버리고 이것을 취한다.

2-36.
하늘의 그물

감행하는 것에 용감하면 죽고
감행하지 않는 것에 용감하면 산다.
이 둘 가운데 어떤 것은 이롭고 어떤 것은 해롭다.
하늘이 미워하는바, 누가 그 이유를 알겠는가?
이 때문에 성인마저도 이것을 어렵게 여긴다.

하늘의 도는
싸우지 않고서도 잘 이기고
말하지 않고서도 잘 응하고
부르지 않아도 스스로 찾아오고
느긋하면서도 잘 도모한다.
하늘의 그물은 넓고 엉성한 듯하나
결코 놓치는 일이 없다.

2-37.
사람들이 죽음을 두려워하지 않으면

백성들이 죽음을 두려워하지 않는데
어찌 죽음으로 그들을 겁줄 수 있겠는가?

백성들이 죽음을 두려워하게 한 뒤에
사악한 짓을 하는 사람을 내가 잡아다 죽이면
누가 감히 그런 짓을 하겠는가?

언제나 죽이는 일을 맡은 자가 있으니
오직 그가 죽음을 집행한다.
죽이는 일을 맡은 자를 대신해서 사람들을 죽인다면
위대한 목수를 대신해서 나무를 깎는 격이다.
위대한 목수를 대신해서 나무를 깎는 자
그 손을 다치지 않는 경우는 드물다.

2-38.
삶을 귀하게 여기지 말라

백성들이 굶주리는 것은
윗사람이 세금을 많이 거두기 때문이다.
그래서 굶주리는 것이다.
백성들을 다스리기 어려운 것은
윗사람이 유위有爲로 다스리기 때문이다.
그래서 다스리기 어려운 것이다.
백성들이 죽음을 가벼이 여기는 것은
윗사람이 삶에 집착하기 때문이다.
그래서 죽음을 가벼이 여기는 것이다.

삶에 집착이 없는 자
삶을 귀하게 여기는 자보다 현명하다.

2-39.
강함을 경계함

사람이 살아 있을 때는 부드럽고 약하지만
죽고 나면 단단하고 딱딱해진다.
초목도 살아 있을 때는 부드럽고 약하지만
죽고 나면 마르고 뻣뻣해진다.
그러므로 단단하고 강한 것은 죽음의 무리요
부드럽고 약한 것은 삶의 무리이다.
군대가 강하면 이기지 못하고
나무가 강하면 꺾이고 마니
강하고 큰 것이 아래요
부드럽고 약한 것이 위다.

2-40.
하늘의 도는 활을 당기는 것과 같다

하늘의 도는 활을 당기는 것과 같다.
높은 쪽은 누르고, 낮은 쪽은 올리며
남는 것은 덜어내고, 모자라면 보탠다.
하늘의 도는 남는 데서 덜어내어
모자라는 데에 보태지만
사람의 도는 이와 달라
모자라는 데서 덜어내어 남는 데에 바친다.
누가 남는 것을 가지고
천하를 봉양할 수 있겠는가?
오직 도를 지닌 자만이 가능하다.
그러므로 성인은 일을 하되 자랑하지 않고
공을 이루되 그 자리에 머물지 않으니
자기의 현명함을 드러내지 않으려는 것이다.

2-41.
물보다 부드럽고 약한 것 없지만

세상에 부드럽고 약하기로 물만 한 것이 없으나
단단하고 강한 것을 치는 데 물을 이길 것이 없으니
무엇도 물을 대신할 수 없다.
약한 것이 강한 것을 이기고
부드러운 것이 단단한 것을 이김을
모르는 이 세상에 아무도 없지만
실천하는 이 세상에 아무도 없다.

그러므로 성인은 말한다.
"나라의 더러운 일을 받아들이는 사람이
사직을 맡을 사람이요,
나라의 상서롭지 못한 일을 받아들이는 사람이
천하의 임금이다."
바른 말은 원래 반대로 들리는 법이다.

2-42.
깊은 원한은 풀리지 않는다

깊은 원한은 화해시켜도 반드시 여한이 남는 법
어찌 잘했다고 할 수 있겠는가?
그런 까닭에 성인은 빚 문서[左契]를 쥐고 있을 뿐
결코 독촉하지 않는다.
덕이 있는 사람은 빚 문서를 맡아 두나
덕이 없는 사람은 독촉하여 받아 낸다.
하늘의 도는 사사로움이 없어
언제나 선한 사람과 함께 한다.

2-43.
소국과민小國寡民, 작은 것이 아름답다

나라는 작고 백성은 적어

열 사람 백 사람 몫을 하는 기계가 있으나 사용하지
않고

백성으로 하여금 죽음을 중히 여기게 하며

멀리 이사 가는 일이 없게 한다.

비록 배와 수레가 있어도 타고 갈 일이 없고

비록 갑옷과 무기가 있어도 진을 칠 일이 없으며

사람들로 하여금 문자 대신 노끈을 매듭지어 쓰게
한다.

자신의 밥을 달게 여기고

자신의 옷을 아름답게 여기며

자신의 거처를 편안히 여기고

자신의 풍속을 즐기게 한다.

이웃 나라가 서로 바라보이고
닭과 개 울음소리 서로 들리지만
백성은 늙어 죽도록 서로 오가지 않는다.

2-44.
믿음직한 말은 아름답지 않다

믿음직한 말은 아름답지 않고
아름다운 말은 믿음직스럽지 않다.
선한 사람은 말 잘하지 않고
말 잘하는 사람은 선하지 않다.
지혜로운 사람은 박식하지 않고
박식한 사람은 지혜롭지 않다.
성인은 쌓아 두지 않으니
남을 위해 행할수록 자기 것은 더욱 있게 되고
남을 위해 베풀수록 자신에게 더욱 많아진다.
하늘의 도는 이롭게 할 뿐, 해를 끼치지 않는다.
성인의 도는 함이 있되, 다투지 않는다.

한 번 음이 오고 한 번 양이 오는 것을 가리켜 도
라고 한다.
이것을 이어가면 선善이 되고, 이것을 완성하면
성成이 된다.

어질기만 한 자는 역을 그저 어질다 하고
지혜롭기만 한 자는 역을 그저 지혜롭다 하며
백성들은 날마다 사용하면서도 역을 알지 못하니
그러므로 군자의 도는 참으로 드물구나!

도는 인仁을 통해 나타나며, 용用을 통해 감춰지니
만물을 고동치게 하면서도
성인과 더불어 근심하지는 않네.

낭송Q시리즈 북현무
도덕경/계사전

『계사전』편

『계사전』

1부
상편(上篇): 역(易)은 낳고 낳는다

1-1.
하늘 땅 사이에 사람의 자리

하늘은 높고 땅은 낮으니

건乾과 곤坤이 정해진다.

낮음과 높음이 생겨나니

귀貴와 천賤이 자리 잡는다.

움직임[動]과 고요함[靜]에 항상됨이 있으니

강剛과 유柔가 나눠진다.

방향으로 종류를 모으고 사물에 따라 무리를 나누니

길吉과 흉凶이 생겨난다.

하늘에서는 상象을 이루고 땅에서는 형形을 이루니

변變과 화化가 드러난다.

이런 까닭에 강유가 서로 마찰하고 팔괘가 서로 움직

이며

우레와 번개로 고동치고 바람과 비로 윤택하게 하며

해와 달이 운행하고 한 번 춥고 한 번 더워

건의 도가 남자를 이루고 곤의 도가 여자를 이루니

건은 큰 시작을 주관하고 곤은 사물을 경작해 완성시킨다.

건은 쉬움으로 주관하고 곤은 간단함으로 완성시키니

쉬우면 주관하기 쉽고 간단하면 따르기 쉽고

주관하기 쉬우면 친함이 있고 따르기 쉬우면 공이 있으며

친함이 있으면 오래갈 수 있고 공이 있으면 클 수 있으니

오래갈 수 있는 것은 현인의 덕이요

클 수 있는 것은 현인의 업적이다.

쉽고 간단하여 천하의 이치를 얻으니

천하의 이치를 얻으면 하늘과 땅 가운데에 자기 자리를 이룬다.

1-2.
괘를 배열해 상을 살피다

성인이 괘卦를 배치해 상象을 살피고 말을 붙이니

길흉이 분명해졌다.

강과 유가 서로 밀어 변화가 생겨나니

길흉은 잃고 얻는 상이요

회린悔吝은 염려[憂]하고 걱정[虞]하는* 상이요,

변화는 나아가고 물러가는 상이요

강유는 낮과 밤의 상이요,

육효六爻가 움직이는 것은 천지인 삼극三極의 도이다.

* 회(悔)는 마음 심(忄) 변에 매양 매(每)를 합한 글자로 마음이 매양 움직이는 것이다. 어떤 잘못을 저지른 후에 마음이 움직여 뉘우치는 것을 이른다. 반면 린(吝)은 문(文) 아래 구(口)가 붙은 글자로 입으로만 말을 하고 마음은 다른 곳에 가 있어 겉치레만 하는 것을 일컫는다. 그러므로 잘못이 있는 것을 고치는 데 인색하게 되는 것이다. 우(憂)는 염려하여 잘못을 고치는 것이고, 우(虞)는 겉으로만 걱정하고 잘못을 고치지 않는 것이다.

이런 까닭에 군자가 편안히 거하는 것은 역의 차서를 따르기 때문이요

즐거이 완미하는 것은 효사[辭]를 살피기 때문이니

군자가 거처할 때는 상을 관찰하여 그 말뜻[辭]을 완미하고

움직일 때는 변화를 관찰하여 그 점占을 완미한다.

이런 까닭에 하늘로부터 도움이 있으니

길하여 이롭지 않음이 없다.

1-3.
저마다의 갈 길을 알려 주네

단彖이란 상象을 말하고, 효爻는 변화를 말하며
길흉은 득실을 말하고, 회린은 작은 결함을 말한다.
결함이 없다는 것은 허물을 잘 보완한다는 것이다.
이런 까닭에 각 효의 자리[位]에 따라 귀천을 나누고
괘에 따라 대소가 나뉘고
효사[辭]에 따라 길흉이 나뉘고
분별하는 데에 따라 회린의 근심이 갈리고
뉘우치는 데에 따라 움직여서 허물이 없는 것이 결정
된다.
이런 까닭에 괘에는 작은 것과 큰 것이 있고,
괘에 붙인 말에는 위험한 것과 평이한 것이 있는데
말이라 하는 것은 저마다의 갈 길을 가리키는 것이다.

1-4.
역은 하늘과 땅을 본받는다

역은 하늘과 땅을 본받으니, 천지의 도를 두루 포괄
한다.
우러러 천문을 관찰하고, 구부려 지리를 살피니
이런 까닭에 보이는 것과 보이지 않는 것의 근원을
알게 된다.
시작을 따져 마침으로 돌아가니, 삶과 죽음의 이치를
알게 된다.
정기精氣가 합하여 사물이 생겨나고, 혼魂이 떠나며
변화하니
이런 까닭에 귀신鬼神의 상황을 알게 된다.

역은 천지와 더불어 서로 같으니, 어긋남이 없다.
앎이 만물에 두루 미치고 도는 천하를 제도하니, 지

나침이 없다.

만사에 능통하면서도 잘못된 곳으로 빠지지 않고
하늘을 즐거워하고 명命을 아니, 근심함이 없다.
자기 자기를 편안히 지키고 인애를 돈독히 하니
능히 만물을 사랑하게 된다.

역은 천지의 조화를 포괄하니, 지나침이 없고
만물을 곡진히 하니, 버리지 아니하며
낮과 밤의 도를 꿰뚫어 아니[知]
그러므로 신神은 정해진 장소가 없고
역은 정해진 몸체가 없다.

1-5.
한 번 음이 오고 한 번 양이 오는 것을 도라 하네

한 번 음이 오고 한 번 양이 오는 것을 가리켜 도道라고 한다.
이것을 이어 가면 선善이 되고, 이것을 완성하면 성成이 된다.

어질기만 한 자는 역易을 그저 어질다 하고
지혜롭기만 한 자는 역을 그저 지혜롭다 하며
백성들은 날마다 사용하면서도 역을 알지 못하니
그러므로 군자의 도는 참으로 드물구나!

도는 인仁을 통해 나타나며, 용用을 통해 감춰져서
만물을 고동치게 하면서도
성인이 마음쓰듯 근심하지는 않네.

지극하도다! 하늘의 성대한 덕盛德과 땅의 거대한 업
大業이여!

땅의 거대한 업은 부유하게 하고

하늘의 성대한 덕은 나날이 새로워지게 하니

낳고 낳는 것[生生]을 일컬어 역易이라 하고

형상을 이룬 것을 일컬어 건乾이라 하고

법을 본받는 것을 일컬어 곤坤이라 하고

수數를 따져 다가올 일을 미리 아는 것을 일컬어 점占
이라 하고

막힘없는 통찰로 변화를 꿰뚫어 아는 것을 일컬어 사
업[事]이라 하고

음양으로 이루 다 헤아리지 못하는 것을 일컬어 신神
이라 한다.

1-6.
역은 넓고도 크다

역易은 넓고도 크다!
먼 곳을 말하면 한계가 없고
가까운 곳을 말하면 고요하고 바르며
천지의 사이를 말하면 모든 것이 다 갖추어져 있다.

건乾은 고요함에는 한결같고 움직임에는 곧으니
이로써 큼이 생겨난다.
곤坤은 고요함에는 닫히고 움직임에는 열리니
이로써 넓음이 생겨난다.

넓고 큼은 천지와 짝하고
변하고 통함은 사시四時와 짝하며
음양의 뜻은 해와 달과 짝하고
쉽고 간단한 선善은 덕과 짝한다.

1-7.
지혜는 하늘처럼 높이고 예는 땅처럼 낮추라

공자께서 말씀하셨다.

"역은 지극하도다!

성인은 이로써 덕을 숭상하고 사업을 넓힌다.

지혜는 높고 예禮는 낮으니

지혜를 높이는 것은 하늘을 본받는 것이고

예를 낮추는 것은 땅을 본받는 것이다.

천지가 자리를 잡으니 역이 그 사이에서 행해진다.

이루어진 본성을 낳고 낳아 이어 가는 것

이것이 도의道義의 문이다."

1-8.
성인이 천하의 오묘한 비밀을 보다

성인이 천하의 뒤섞임 그 모습을 빗대어 사물의 마땅
함을 형상했기에
이를 두고 상象이라 부른다.
성인이 천하의 움직임을 보고 그 모이고 통함[會通]을
관찰해 전례를 삼고
말[辭]을 붙여서 그 길흉을 판단했기에
이를 두고 효爻라 부른다.
이로써 천하의 잡다한 뒤섞임을 말하지만, 싫증나지
않게 하고
이로써 천하의 지극한 변화를 말하지만, 어지럽지 않
게 하며
견주어 본 후에 말하고, 숙고한 후에 움직이니
견주어 보고 숙고하여, 그 변화를 완성한다.

"어미 학이 그늘에서 우니 그 새끼들이 화답한다.
나에게 좋은 벼슬이 있으니 그대와 더불어 나누리."
'풍택중부'風澤中孚의 구이九二 효爻를 두고 공자께서
말씀하셨다.
"군자가 집에 거할 때 언행이 선하다면
천 리 밖에서도 응하나니, 가까운 데서는 어떻겠는가!
집에 거할 때 언행이 불선하면
천 리 밖에서도 어긋나니, 가까운 데서는 어떻겠는가!
말은 나로부터 나와 백성에게 미치며
행실은 가까운 데서 출발해 먼 곳에서 드러나니
언행은 군자의 지도리니, 지도리의 움직임이 영예와
치욕을 결정한다.
언행은 군자가 천지를 움직이는 바이니, 어찌 신중히
하지 않을 수 있겠는가!"

"동인同人 괘는 처음에는 부르짖어 울고 나중에는 웃
는다."
'천화동인'天火同人의 구오九五 효를 두고 공자께서 말
씀하셨다.
"군자의 도는 나아가기도 하고 은거하기도 하고
침묵하기도 하고 말하기도 하니
두 사람의 마음이 같으면 그 예리함이 쇠를 끊을 만

하고,

같은 마음에서 나오는 말은 그 향기가 난초 같다."

"초육初六은 제사를 지내려 바닥을 까는 데 흰 띠를 쓰니 허물이 없다."

'택풍대과'澤風大過의 초육 효를 두고 공자께서 말씀하셨다.

"그냥 바닥에 놓아도 될 것을 다시 그 밑에 흰 띠를 까니 어찌 허물이 있겠는가?

신중함이 지극하도다!

흰 띠는 하찮은 사물에 불과하나 귀중하게 쓰일 수 있으며

신중함이란 사소한 노력에 불과하나 이로써 행하면 놓치는 것이 없으리라."

"겸괘謙卦는 수고스럽다. 군자가 마침[終]이 있으니 길하다."

'지산겸'地山謙의 구삼九三 효를 두고 공자께서 말씀하셨다.

"수고로워도 자랑하지 않고, 공이 있어도 내세우지 않으니

겸손함의 지극한 경지요, 공로가 있어도 남에게 자신

을 낮추는 것이다.

덕은 성대해야 하고, 예는 공손해야 하니

겸손함이란 덕이 충만하고 예가 공손하여, 그 지위를
보존하는 것이다.”

“높은 용[亢龍]이니 후회가 있다.”

‘중천건’重天乾의 상구上九 효를 두고 공자께서 말씀하
셨다.

“귀하지만 자리가 없고 높지만 따르는 백성이 없으며
어진 자가 밑에 있어도 돕지 않으니, 움직이면 후회
가 있으리라.”

“문 밖으로 나가지 않으면 허물이 없다.”

‘수택절’水澤節의 초구初九 효를 두고 공자께서 말씀하
셨다.

“어지러움이 생기는 것은 말이 빌미가 되니

군주가 주도면밀하지 않으면 신하를 잃으며

신하가 주도면밀하지 않으면 자신을 잃으며

하려는 일에 주도면밀하지 않으면 해악이 찾아오니

이로써 군자는 신중하고 면밀하여, 말이 새나가지 않
게 한다.”

공자께서 말씀하셨다.

"역을 지은 사람은 도둑의 기제를 알고 있었구나!

역에서는 말한다.

'짊어져야 할 자가 수레에 탔으니, 도적을 이르게 한다.'

짊어지는 것은 소인의 일이요, 타는 것은 군자의 특권이니

소인이 군자의 특권을 침탈하면

도적이 이를 보고 강탈할 생각을 품는다.

위로는 거만하고 아래로 포악하면

도적이 이를 보고 침략할 생각을 품는다.

간수하기를 태만히 함은 도둑을 가르치는 것이요

용모를 치장함은 음란함을 불러들이는 것이니

역에 말하기를

'짊어져야 할 자가 수레에 탔으니, 도적을 이르게 한다'고 한 것이며,

이는 도적을 불러들이는 것이다."

1-9.
천하의 일이 수數 안에 있다

천1, 지2, 천3, 지4, 천5, 지6, 천7, 지8, 천9, 지10.
천의 수가 다섯이요, 지의 수가 다섯이며
다섯 자리가 어울리며 각각 합함이 있으니
천의 수는 이십오요, 지의 수는 삼십이다.
무릇 천지의 수를 합치면 오십오이니
여기서 변화가 이루어지고, 귀신이 행해진다.

크게 펼친 수는 오십이고, 그 쓰임은 사십구니
나누어 둘로 하여 음양 양의로 삼고
산가지 하나를 손가락에 끼워 천지인天地人 삼재三才
를 본뜨고
넷씩 세어서 사계절을 형상하고
나머지를 손가락에 끼워 윤달을 나타낸다.

오년에 두 번 윤달이 오니, 그러므로 다시 끼운 후에
건다.

건의 책 수가 216이고, 곤의 책 수가 144이다.
합하여 360이니 일 년의 날수에 해당하고
『주역』 두 편의 책 수는 11,520이니, 만물의 수에 해
당한다.

이로써 네 번 경영하여 역을 이루고
열여덟 번 변하여 괘를 이루니
팔괘가 작게 이루어져 이끌어 펴며
만물을 더듬어 유형별로 확장해 나가면
천하의 가능한 일이 여기에 다 이루어진다.

도를 나타내며 덕행을 신묘하게 하여
신과 더불어 응할 수 있으며
신과 더불어 도울 수 있다.
그리하여 공자께서 말씀하셨다.
"변화의 도를 아는 자, 신이 행하는 바를 알 것이다!"

1-10.
역에 성인의 도가 네 가지 있다

역에 성인의 도가 네 가지 있다.
말하려는 자는 괘사를 숭상하고
움직이려는 자는 변화를 숭상하며
물건을 만들려는 자는 형상을 숭상하고
점을 치려는 자는 점을 숭상한다.

이 때문에 군자는 장차 하려는 일이 있거나
하려는 행동이 있을 때, 말로써 묻는다.
그 명을 받음이 메아리처럼 울리니
멀고, 가깝고, 어둡고, 깊숙한 것 할 것 없이
두루 다가올 일을 알게 된다.
천하의 지극한 정미로움이 아니면 그 누가 여기에 참
여하겠는가?

삼과 오로 변하여 그 수를 뒤섞고

그 변화를 통해서 마침내 천지의 무늬를 이루며

그 수를 극진히 하여 마침내 천하의 상을 정하니

천하의 지극한 변화가 아니면 그 누가 여기에 참여하겠는가?

역은 생각함도 없고 함도 없어서 고요히 움직이지 않다가

감응하여 마침내 천하의 이치에 통하니

천하의 지극한 신이 아니면 그 누가 여기에 참여하겠는가?

역은 성인이 깊은 것을 궁리하고, 미묘한 조짐을 연구하는 것이니

오직 깊기에 천하의 뜻에 통할 수 있고

오직 미묘하기에 천하의 일을 이룰 수 있고

오직 신묘하기에 서두르지 않아도 빠르고, 가지 않아도 도달하니

공자께서 말씀하시길,

"역에 성인의 도가 네 가지 있다."

고 한 것은 이것을 일컫는 것이다.

1-11.
역이란 무엇인가

공자께서 말씀하셨다.

"역은 도대체 무엇을 하는 것인가?

역은 사물을 열고, 만사를 이루어

천하의 도를 모두 덮으니, 이와 같을 뿐이다!"

이런 까닭에 성인은 역으로 천하의 뜻에 통하며

역으로 천하의 사업을 정하며

역으로 천하의 의혹을 판단한다.

이런 까닭에 시초의 덕은 둥글면서 신령스럽고

괘의 덕은 반듯하면서 지혜롭고

육효의 뜻은 변화를 통해 가르쳐 준다.

성인이 이로써 마음을 닦아서

물러나서 은밀한 데 감춰 두고

길흉에 백성과 더불어 근심하며

신명으로 도래할 것을 알고

지혜로 지나간 일을 간직하니

여기 참여하는 자 누구겠는가?

옛적에 총명하고 지혜로우며

신령한 무력이 있으나 사람을 해치지 않던 자이니라!

이로써 하늘의 도를 밝히고 백성의 사정을 살피어

신령한 물건을 일으키되

백성들의 필요에 앞서 미리 마련하니

성인이 이로써 삼가고 조심하여

그 덕을 신령스럽게 하는구나!

이런 까닭에 문을 닫는 것을 곤坤이라 하고

문을 여는 것을 건乾이라 하며

한 번 닫고 한 번 여는 것을 변變이라 하고

가고 오는 데 막히지 않는 것을 통通이라 하며

나타난 것을 상象이라 하고

형체를 기틀[器]이라 하며

지어서 쓰는 것을 법法이라 하고

드나듦을 이롭게 하여 백성이 모두 쓰게 하는 것을
신神이라 한다.

이런 까닭에 역에는 태극太極이 있으니, 태극이 양의

兩儀를 내고

양의는 사상四象을 내고, 사상은 팔괘八卦를 내니

팔괘가 길흉을 정하고, 길흉은 대업大業을 낳는다.

이런 까닭에 상을 본받음이 천지보다 큰 것이 없고

변통함이 사계절보다 큰 것이 없고

형상을 드러내 밝음을 나타냄이 일월보다 큰 것이
없고

숭고함이 부귀보다 큰 것이 없고

물건을 갖추고 쓰임을 이루며

형상을 세우고 기물을 이루어

천하를 이롭게 함이 성인보다 큰 것이 없고

심오한 것을 탐색하고 은미한 것을 찾아내며

깊숙한 것을 낚아 올리고 원대한 데 도달하여

천하의 길흉을 정하며

천하가 힘써 노력하는 바를 이루는 것이

시초점과 거북점보다 큰 것이 없다.

이런 까닭에 하늘이 신령한 물건을 낳으니 성인이 그
것을 본받고

천지가 변화하니 성인이 그것을 이어받는다.

하늘이 상을 드리워 길흉을 드러내니 성인이 그것을

형상하고

하수에서 하도河圖가 나오고 낙수에서 낙서洛書가 나
오니

성인이 그것을 법 삼는다.

역에 사상이 있는 것은 보여 주는 바이고

말[辭]을 붙이는 것은 알려 주는 바이고

길흉을 정하는 것은 판단하는 바이다.

1-12.
천하의 일이 자신의 덕행에 달려 있다

역에서 말했다.

"하늘로부터 도움[祐]이 있어, 길하여 이롭지 않음이 없다."

공자께서 말씀하셨다.

"'우'[祐]라는 것은 돕는다는 것이니

하늘은 순리를 따르는 이를 돕고

사람은 신의가 있는 이를 도우니

믿음을 이행하고, 순리를 따를 것을 생각하고, 또 어진 이를 숭상한다.

이로써 하늘로부터 도움이 있어

길하여 이롭지 않음이 없게 되는 것이다."

공자께서 말씀하셨다.

"글로는 말을 다 할 수 없고, 말로는 뜻을 다 할 수 없으니

그렇다면 성인의 뜻은 알 수 없다는 것인가?"

공자께서 말씀하셨다.

"성인이 상을 세워 그 뜻을 다하고

괘를 배열해 좋음과 나쁨을 모두 밝히며

계사繫辭로 말을 다하고

변통으로 이로움을 다하며

북소리로 변화시키고

춤사위로 통하게 해서

신묘함을 다하게 한다."

건과 곤은 역의 핵심이다!

건곤이 배열됨에 역이 그 가운데에 서니

건곤이 허물어지면 역을 볼 수 없고

역을 보지 못하면 건곤도 거의 그치게 되리라.

이런 까닭에 형이상의 것을 도道라 하고

형이하의 것을 기器라 하며

변화시켜 상황에 맞추는 것을 변變이라 하고

미루어서 확장시키는 것을 통通이라 하며

이것을 적용시켜 천하 백성에게 베푸는 것을 사업事業이라 한다.

이런 까닭에 상象이라는 것은 성인이 천하의 천태만
상을 보고
그 모습을 빗대어 사물의 마땅함을 형상했기에
이를 두고 상이라 부른 것이며
성인이 천하의 움직임을 보고 그 모이고 통함을 관찰
해 전례를 삼고,
말[辭]을 붙여서 그 길흉을 판단했기에
이를 두고 효爻라 부른 것이다.
천하의 잡다한 뒤섞임을 궁극으로 나타낸 것은 괘卦
에 있고,
천하의 지극한 변화를 고무하는 것은 말[辭]에 있다.
변화시켜 상황에 맞추는 것은 변하는 데 있고
미루어서 확장시키는 것은 통하는 데 있으며
신명스럽게 밝히는 것은 그 사람에게 있고
묵묵히 이루며 말이 없어도 믿음이 있는 것은 덕행에
있다.

『계사전』

2부
하편(下篇):
천지의 이치는 쉽고 간단하다

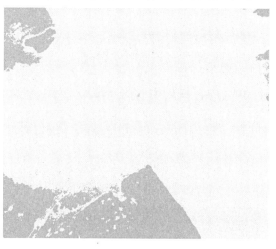

2-1.
천하의 질서를 본받아 올바름을 지킨다

팔괘가 배열되니 상이 그 가운데 있고
팔괘를 중첩시키니 효가 그 가운데 있다.
강剛과 유柔가 서로 밀치니 변화가 그 가운데 있고
말을 붙여 명하니 움직임이 그 가운데 있다.

길흉과 회린悔吝은 움직이는 데서 생기고
강유는 근본을 확립하는 데서 세워지며
변통은 때에 맞추는 데서 시작한다.
길흉은 올바름으로 이기는 것이고
천지의 도는 올바름으로 보는 것이며
일월의 도는 올바름으로 밝은 것이고
천하의 움직임은 올바름으로 하나 되는 것이다.

건은 뚜렷하니 사람에게 쉬움으로 나타나고
곤은 순하니 사람에게 간단함으로 나타나니
효는 이것을 본받은 것이요
상은 이것을 형상화한 것이다.
효와 상은 안에서 움직이고
길과 흉은 밖에서 드러나며
공功과 업業은 변화 가운데 나타나고
성인의 뜻은 말[辭]에서 나타난다.

천지의 큰 덕을 생生이라 하고
성인의 큰 보배를 자리[位]라 하니
무엇으로 자리를 지키겠는가?
다름 아닌 인仁이다!
어떻게 사람을 모을 것인가?
다름 아닌 재물이다!
재물을 다스리고, 말을 바르게 하며
사람들이 그릇된 일을 못하게 금하는 것을
이름하여 의義라 한다.

2-2.
괘에서 제도를 취하다

옛날 복희씨가 천하를 다스릴 때

우러러 하늘의 상을 관찰하고

구부려 땅의 법을 관찰하며

새와 짐승의 모습과 지리의 마땅한 조건을 관찰하고

가까이는 자기 몸에서 취하고

멀게는 다른 사물에서 취하여

이에 비로소 팔괘를 지어

신명의 덕과 통하며

만물의 실정을 분류했다.

노끈을 매어 그물과 바구니를 만들고, 사냥하고 물고기를 잡으니,

이는 대개 중화리重火離 괘에서 취했다.

복희씨가 죽고 신농씨가 등장해
나무를 깎아 보습을 만들고
나무를 구부려 쟁기를 만들어
밭 갈고 김매는 이로움으로 천하를 가르치니
이는 대개 풍뢰익風雷益 괘에서 취했다.

해가 중천에 뜨면 시장을 만들어
천하의 백성을 모이게 하며
천하의 재물을 모아서
서로 교역을 하고 물러나, 각자가 필요한 것을 얻게
하니
이는 대개 화뢰서합火雷噬嗑 괘에서 취했다.

신농씨가 죽고 황제와 요·순씨가 등장해
변화에 통하여, 백성들이 게으르지 않게 하고
신묘하게 교화하여, 백성들이 올바르게 살게 했다.
역은 궁하면 변하고
변하면 통하며
통하면 오래간다.
이 때문에 하늘이 도우니 길하고 이롭지 않음이 없다.
황제와 요·순씨는 자리만 지키고 있어도
천하가 다스려졌으니

이는 대개 중천건重天乾·중지곤重地坤 괘에서 취했다.

나무 속을 파내 배를 만들고
나무 장대를 깎아 노를 만들어
배와 노의 이로움으로 못 가던 데를 건너가
먼 곳에 이르게 하여 천하를 이롭게 하니
이는 대개 풍수환風水渙 괘에서 취했다.

소를 길들이고 말을 타서
무거운 것을 이끌고 먼 곳에 이르게 하니
이는 대개 택뢰수澤雷隨 괘에서 취했다.

문을 거듭 세우고 목탁을 치며 도둑에 대비하니
이는 대개 뇌지예雷地豫 괘에서 취했다.

나무를 잘라 절굿공이를 만들고, 땅을 파서 절구를
만들어
절구와 절굿공이의 이로움으로 만민이 구제되니
이는 대개 뇌산소과雷山小過 괘에서 취했다.

나무를 휘어 활을 만들고, 나무를 깎아 화살을 만들어
활과 화살의 이로움으로 천하에 위엄을 보이니

이는 대개 화택규火澤睽 괘에서 취했다.

먼 옛날에는 동굴에 거처하고 들에서 살다가
후세에 성인이 궁실로 바꾸어
기둥을 올리고 지붕을 내려, 바람과 비를 막으니
이는 대개 뇌천대장雷天大壯 괘에서 취했다.

옛날의 장례는 섶나무로 두텁게 싸서 들 가운데 장사
지내며
봉분도 하지 않고, 나무도 심지 않고
초상의 기간도 한정이 없었는데
후세에 성인이 관곽으로 바꾸니
이는 대개 택풍대과澤風大過 괘에서 취했다.

먼 옛날에는 노끈의 매듭으로 정사를 돌보았으나
후세에 성인이 문서로 바꾸어
이로써 백관이 나랏일을 하고
이로써 만민이 사리를 살피니
이는 대개 택천쾌澤天夬 괘에서 취했다.

2-3.
역을 관찰하여 자신의 허물을 고치라

역이란 상象이니, 상이란 모양을 본뜬 것이다.

단彖이란 재목이며, 효爻란 천하의 움직임을 본받은
것이다.

이 때문에 길흉이 생기고 회린이 나타난다.

2-4.
음괘와 양괘의 덕행

양괘는 음이 많고, 음괘에 양이 많다.

왜인가?

양괘는 홀수이고 음괘는 짝수이기 때문이다.

그 덕행은 무엇인가?

양은 임금 하나에 백성이 둘이니 군자의 도요

음은 임금 둘에 백성이 하나니 소인의 도이다.

2-5.
역의 응용

역에 이런 구절이 있다.

"자주 가고 자주 오면 벗이 네 생각을 좇을 것이다."

공자께서 말씀하셨다.

"천하의 일 중에 무엇을 생각하고 무엇을 근심하겠는가? 천하가 돌아가는 곳은 같아도 길은 다 다르며, 이르는 것은 하나여도 생각은 백 가지이니, 천하가 무엇을 생각하고 무엇을 염려하겠는가?

해가 가면 달이 오고 달이 가면 해가 오니, 해와 달이 서로를 밀쳐 밝음이 생겨난다. 추위가 가면 더위가 오고 더위가 가면 추위가 오니, 추위와 더위가 서로를 밀쳐 한 해가 이루어진다. 가는 것은 굽힘이요 오는 것은 폄이니, 굽히고 폄이 서로 교감하여 이로움이 생겨난다.

자벌레가 움츠리는 것은 펴기 위함이요, 용과 뱀이 숨는 것은 몸을 보존하기 위함이요, 뜻을 정미롭게 하여 신묘함에 이르는 것은 쓰임을 이루기 위해서이고, 쓰임을 이롭게 하여 몸을 편안히 함은 덕을 숭상하기 위해서이다. 이것을 넘어서는 일은 알 수 없으니, 신묘함을 궁구하여 변화를 아는 것이 덕의 성대함이다."

역에 이런 구절이 있다.
"바위에 막히고 가시덤불에 갇히니, 집에 들어가도 아내를 보지 못해 흉하다."
공자께서 말씀하셨다.
"막히지 않아도 될 곳에 갇히니, 이름이 반드시 욕될 것이고, 갇히지 않아도 될 곳에 갇히니, 몸이 반드시 위태로울 것이다. 이미 욕되고 위태로워 죽기에 이르렀으니, 아내인들 볼 수 있겠는가?"

역에 이런 구절이 있다.
"공公이 높은 담 위의 새매[隼]를 쏘아 잡으니 이롭지 않음이 없다."
공자께서 말씀하셨다.
"준隼이라는 것은 새요, 활과 화살은 도구요, 그것을

쏘는 것은 사람이다. 군자가 도구를 갖추고 있다가 때를 기다려 움직이니, 어찌 이롭지 않겠는가? 그 움직임이 막힘이 없으니 활을 쏘면 새를 잡는다. 이것은 도구를 만든 뒤에 움직여야 한다는 것을 말한다."

공자께서 말씀하셨다.
"소인은 어질지 않음을 부끄러워하지 않고 의롭지 못함을 두려워하지 않는다. 이익이 없으면 힘쓰지 않고, 위엄으로 대하지 않으면 무서워하지 않는다. 가벼운 징계로 크게 경계시키는 것이 소인에게 복이 된다. 그러므로 역에서 '형틀을 씌워서 발꿈치를 없애니 허물이 없다'고 한 것은 이것을 일컬은 것이다."

공자께서 말씀하셨다.
"선을 쌓지 않으면 명성을 얻지 못하고 악을 쌓지 않으면 몸을 망치지 않는다. 소인은 유익함이 없다 하여 작은 선도 행하지 않고, 해 될 것이 없다 하여 작은 악도 버리지 않는다. 그리하여 악이 쌓여 가리지 못하게 되며, 죄가 커져 풀지 못하게 된다. 그러므로 역에서 '형틀을 매어 귀를 없애니 흉하다'고 한 것은 이것을 일컬은 것이다."

공자께서 말씀하셨다.

"위태로워질 것을 생각하는 자는 그 자리를 편안하게 하려는 것이요, 망할 것을 염려하는 자는 그 존립을 보존하려는 것이요, 어지러워짐을 염두에 두는 자는 다스림을 얻으려는 것이다. 이런 까닭에 군자는 편안해도 위태로움을 잊지 않으며, 잘 유지되어도 망함을 잊지 않으며, 잘 다스려져도 어지러움을 잊지 않는다. 그러므로 역에서 '떨어질 듯 떨어질 듯 해야 아름드리 뽕나무에 매달 수 있다'고 한 것은 이것을 일컬은 것이다."

공자께서 말씀하셨다.

"덕은 박하나 지위는 높고, 지혜는 작으나 도모하는 것은 크며, 힘은 약한데 책임이 무거우면, 재앙을 피해 가기 힘들다. 그러므로 역에서 '솥의 발이 부러져 임금의 밥을 엎으니 그 얼굴이 젖어 흉하다' 한 것은, 그 책임을 이기지 못함을 말한 것이다."

공자께서 말씀하셨다.

"기미를 앎이 신과 같구나! 군자가 윗사람과 사귀되 아첨하지 않으며, 아랫사람을 사귀되 함부로 하지 않으니 그 기미를 아는구나! 기미란 움직임이 은미한 것이니, 길함을 미리 파악하는 것이다. 군자는 기미를 보고 움직이니 종일토록 기다리는 일이 없다. 역에서는 '절개가 돌과 같아, 해가 떨어질 것을 기다리지 않는다. 바르고 길하다'고 했다. 절개가 돌과 같은데, 어찌 해가 떨어지길 기다리며 머뭇거리겠는가! 단호히 아는 바를 실행하라! 군자는 은미한 것도 알고 밝게 드러난 것도 알고, 부드러운 것도 알고 강한 것도 아니, 온 천하의 사람들이 우러러 보는 것이다."

공자께서 말씀하셨다.
"안씨의 자제 안연이 기미를 아는 경지에 가까웠구나! 선하지 않은 일이 있으면 알지 못함이 없고, 그것을 알면 다시 행하지 않았다. 그러므로 역에서 '머지 않아 회복하리라! 후회하는 데 이르지 않으니 크게 길하다'고 한 것은 이것을 일컬은 것이다."

공자께서 말씀하셨다.
"천지의 기운이 뒤섞여 만물이 화하여 성숙해지고, 남녀가 정기를 합쳐 만물이 화하여 생겨난다. 그러므로 역에서 '세 사람이 가는 데는 한 사람을 덜고, 한 사람이 가는 데는 그 벗을 얻는다' 한 것은 하나로 합치됨을 말한 것이다."

공자께서 말씀하셨다.

"군자는 자신의 몸을 편안히 한 뒤에야 움직이며, 자신의 마음을 편안히 한 뒤에야 말하며, 친교를 나눈 뒤에 요구하니, 군자가 이 세 가지를 닦는 까닭에 온전하다. 위태롭게 움직이면 백성이 함께하지 않고, 함께하지 않으면 해치는 자가 이르니, 그러므로 역에서 '더하지 마라. 공격당할 수 있다. 마음을 세워 항상되지[恒] 못했으니 흉하다'고 한 것은 이것을 일컬은 것이다."

2-6.
의문을 품게 하여 인도하다

공자가 말씀하셨다.

"건곤이 곧 역易의 문門이다!

건은 양의 물건이고 곤은 음의 물건이니

음과 양이 덕을 합해, 강과 유가 몸을 가진다.

이로써 천지만물이 몸을 이루고, 신명神明의 덕이 통

하게 된다.

그것을 칭한 괘의 이름은 잡다하게 섞여 있으나

이치를 넘지는 않으며

그 종류를 고찰해 보니

쇠약해진 세상의 뜻이 담겨 있구나!

무릇, 역은 지나간 것을 밝히고 다가올 것을 살피며

드러난 것의 은미함을 살피고

은미한 것은 밝게 드러낸다.

사물에 합당한 이름을 부여하여, 사물을 분별하고
말을 바르게 하여, 괘사와 효사를 판단하니
모든 것이 역 안에 갖춰지게 되었다.
사물에 붙인 이름은 작으나
사물을 분류한 음양은 크다.
그 뜻은 원대하고 말은 아름다우며
표현이 곡진하면서도 법도에 맞으며
일은 펼치되 이치는 숨기니
의문을 품게 하는 것으로 백성들의 행위를 인도하고
잃음과 얻음의 응보를 밝힌다.

2-7.
아홉 괘로 세상 읽기

역이 번성한 것은 중고시대!
역을 지은 사람에겐 우환憂患이 있었다!
이런 까닭에
천택리天澤履 괘는 덕의 터전이요
지산겸地山謙 괘는 덕의 자루요
지뢰복地雷復 괘는 덕의 근본이요
뇌풍항雷風恒 괘는 덕의 굳셈이요
산택손山澤損 괘는 덕의 수양이요
풍뢰익風雷益 괘는 덕의 넉넉함이요
택수곤澤水困 괘는 덕의 분별함이요
수풍정水風井 괘는 덕의 땅이요
중풍손重風巽 괘는 덕의 제도이다.

리履는 조화되면서 지극하고

겸謙은 높게 빛나고

복復은 작으면서 사물을 분별하고

항恒은 뒤섞여 있어도 싫증내지 않고

손損은 먼저는 어렵되 나중은 쉽고

익益은 넉넉히 길러 주되 헛되이 베풀지는 않고

곤困은 궁하되 통하고

정井은 제자리에 거하되 옮겨 가고

손巽은 제도하되 은밀히 숨긴다.

리履로 조화롭게 행하고

겸謙으로 예를 제정하고

복復으로 자기 자신을 알고

항恒으로 덕을 한결같이 하고

손損으로 해로움을 멀리하고

익益으로 이로움을 흥하게 하며

곤困으로 원망을 줄이고

정井으로 의를 분별하고

손巽으로 권도를 행한다.

2-8.
도는 멀지 않으나 수시로 변화한다

역의 글은 사람에게서 멀지 않으나
역의 도는 수시로 옮겨 다닌다.
변하고 움직여 머무르지 아니하며
육허六虛의 공간에 두루 유통되어
오르고 내림에 항상함이 없고
강과 유가 서로 바뀌고
고정된 틀이 없이 오직 변화하며 나아간다.
그 드나듦을 법도로 삼아
안팎으로 두려움을 알게 하고
우환과 연고를 밝혀 놓는다.
가르침과 보살핌이 없으나 부모가 임하듯 하니
처음에 괘사와 효사의 말을 따라서 방법을 헤아려
보면,

이미 항상된 법칙이 있으나

진실로 그 사람이 아니라면 도가 비어 있음으로 행해

지지 않으리라.

2-9.
시작을 통해 결과를 안다

역의 글은 처음을 근원으로 삼고 마침을 궁구하여
괘의 바탕으로 삼는다.
육효가 서로 섞이는 것은 오로지 그 시간, 그 사물에
의한 것이다.
그 시작은 알기 어려우나 끝은 알기 쉬우니
근본과 말단이 된다.
초효初爻는 애매하게 견주어 말하나
상효上爻는 분명하게 마친다.

잡다한 사물 속에서 덕을 가리는 것과 시비를 분별하
는 것은
그 중효中爻가 아니면 갖추지 못한다.
아! 존망과 길흉을 구하려 할 때는 가만히 거처해도

알 수 있지만

지혜로운 자가 그 단사象辭를 보면, 대략 짐작할 수

있다.

이효와 사효가 공은 같으나 자리는 달라서

그 선함이 같지 않으니

이효는 명예가 많고 사효는 두려움이 많은 것은

임금의 자리인 오효와 가깝기 때문이다.

부드러움의 도는 멀리 가면 불리하나

오효는 부드러움으로 중을 삼기에 허물이 없다.

삼효와 오효가 공은 같으나 자리는 달라서

삼효에는 흉이 많고, 오효에는 공이 많은 것은

귀천에 차등이 있기 때문이다.

유약함을 쓰면 위태롭고, 강함을 쓰면 승리한다.

2-10.
육효, 하늘·땅·인간의 도

역의 글은 넓고 커서 세상 이치를 모두 갖추고 있다.
천도天道가 있고 지도地道가 있으며 인도人道가 있으니
삼재三材의 삼三에 음양을 뜻하는 이二를 곱하라.
그러면 여섯이 나오니 여섯이란 다름 아닌 삼재의 도
이다.

도에 변동이 있으므로 효라 부르고
효에 차등이 있으므로 사물을 말하고
사물이 서로 섞이므로 무늬를 이루나
무늬를 이룸이 조화롭지 못해서 길흉이 생긴다.

2-11.
위태로움이 낳은 역,
위태로움을 가르치다

역이 일어난 시기는 은나라 말기와 주나라의 덕이 흥
하던 때이다.
문왕과 주紂의 일에 해당한다.
이런 까닭에 역은 그 말이 위태로워
위태로운 자를 평안하게 하고, 안이한 자를 기울게
한다.
그 도가 심히 커서 온갖 사물을 흥하게 하나
처음부터 끝까지 두려움으로 하면
그 중요한 것에 허물이 없을 것이니
이를 일러 역의 도라 한다.

2-12.
길흉을 알아 삶을 가꾸라

건은 천하의 지극한 굳셈이며
그 덕행은 항상 쉬우면서도 위험을 아는 것이다.
곤은 천하의 지극한 순함이며
그 덕행은 항상 간단하면서도 막힌 것을 아는 것이다.

능히 마음을 기쁘게 하고 능히 생각을 정밀하게 하여
천하의 길흉을 정하고 천하의 힘쓰는 것을 이룬다.
이런 까닭에 변화운위變化云爲 가운데에 길한 일이 있
게 된다.
상象을 일삼아 기구를 만들 수 있고
점을 일삼아 도래할 것을 알게 되니
천지가 자리를 베풀고 성인이 완성하니
사람이 도모하고 귀신이 도모하여
백성이 더불어 능히 살 수 있게 된다.

팔괘는 상으로 알려 주고

괘사와 효사는 실정으로 말하니

강과 유가 섞여서 길흉을 보게 된다.

변동은 이로움을 말해 주고

길흉은 상황에 따라 달라진다.

이런 까닭에 사랑함과 미워함이 서로 배척하면서 길과 흉이 나타나고

멀고 가까운 것이 서로 교차해 후회와 인색함이 생겨나며

참과 거짓이 서로 교감하며 이로움과 해로움이 생겨난다.

무릇, 역의 뜻이 가까워도 서로 조화되지 못하면

흉하거나 해를 입으니

잘못을 뉘우치거나 혹은 그것을 고치는 데 인색하게 된다.

배반하려는 사람의 말에는 부끄러운 기색이 있고

의심에 찬 사람의 말은 그 말이 엇갈리고

길한 사람의 말은 과묵하고

조급한 사람의 말은 번잡하고

선을 속이는 사람의 말은 떠다니고

지조를 잃은 사람의 말은 비굴하다.